XV DE FRANCE

LE PETIT LIVRE OFFICIEL DU XV DE FRANCE

GÉRARD SCHALLER

Hugo Sport

« Ce produit est un produit officiel sous licence de la Fédération française de rugby ; toute reproduction, imitation ou utilisation non autorisée, totale ou partielle, à des fins commerciales ou promotionnelles, du produit, de son design ou des marques qui y sont apposées pourra faire l'objet de poursuites judiciaires par la FFR ou ses ayants droit. »

Crédits photos : © PRESSE SPORTS
Ouvrage dirigé par Vincent Laudet
Conception et réalisation graphiques : Stéphanie Aguado

34-36, rue La Pérouse
75116 Paris
www.hugopublishing.fr

Imprimé en République tchèque par Finidr
Dépôt légal : novembre 2022
ISBN : 9782755694970

FRANCE RUGBY
PRODUIT OFFICIEL

SOMMAIRE

LA PRÉHISTOIRE
(1893-1906)

Avant la véritable naissance du XV de France, en 1906, une équipe de l'USFSA représentait déjà le rugby national face aux Britanniques. Sans le savoir, elle a même été sacrée championne olympique.

France-Écosse 1911

C'était au temps où la discipline s'appelait encore « football-rugby », où les plans de jeu se résumaient souvent à de grands coups de pied dans la balle et des courses folles pour tenter de la rattraper. Même si les rebonds du ballon étaient déjà imprévisibles, le « dribbling » était jugé moins hasardeux que la passe.

C'était au temps où la légende d'un certain William Webb Ellis commençait à se répandre autant qu'à être contestée. On racontait qu'en 1823, à l'âge de 17 ans, ce rebelle avait pris la balle à la main pendant un match de foot pour courir marquer un but, inventant un nouveau football comme on allait désormais le pratiquer dans sa ville de Rugby, en Angleterre. Le gamin fréquenta certes de 1816 à 1825 la Rugby School, l'un des plus célèbres collèges privés d'Angleterre. De là à gober qu'il « inventa » effectivement le rugby en s'affranchissant des règles des manchots du foot, il y a un pas que les historiens se refusent aujourd'hui à franchir. William Webb Ellis est plus vraisemblablement le héros d'une légende largement enjolivée que d'une histoire authentique.

France-Irlande 1910

C'était au temps où le sport de compétition, et le football-rugby notamment, étendait son aire d'influence à l'Europe continentale. On ne parlait pas alors de « mondialisation », mais cela y ressemblait sacrément. En France, ses activités balbutiantes étaient régies par l'Union des sociétés françaises de sports athlétiques (USFSA). Créée initialement – en 1887 – pour le seul athlétisme, cette fédération omnisports n'avait mis que deux ans pour s'ouvrir à d'autres disciplines (rugby à XV, hockey sur gazon, escrime, natation), représentées en son sein par des commissions spécialisées, embryons des futures fédérations.

Celle dédiée au rugby ne tarda pas à imaginer aguerrir ses joueurs, en les lançant à la rencontre de ce qui se faisait de mieux à l'époque. C'est donc une équipe de l'USFSA – et non un véritable XV de France – formée des meilleurs éléments du Stade français (9), du Racing CF (8) et de l'International Athletic Club (1) qui partit en « tournée » à Londres, encadrée par le baron Pierre de Coubertin, en février 1893. Le 13, elle résiste au Civil Service FC à Richmond (0-2) pour son premier match international avant de s'incliner plus sévèrement à Blackheath face au Park House FC (2-14). Consolations : Henri Armand ou Frantz Reichel – l'Histoire n'a retenu lequel des deux – inscrit le premier essai français en terre étrangère. Et les aventuriers peuvent faire l'acquisition de bottines à crampons, introuvables dans l'Hexagone. Elles remplaceront leurs espadrilles, bains de mer ou chaussures de ville bidouillées…

L'équipe de l'USFSA renaît en octobre 1900 pour un tournoi organisé dans le cadre de l'Exposition universelle. À l'époque, il s'agit d'assurer la promotion du football-rugby lors des 2es Jeux olympiques. Mais le CIO considèrera plus tard l'épreuve comme officielle et attribuera des médailles rétrospectives virtuelles aux compétiteurs. Trois équipes sont engagées : l'Allemagne représentée par le Fußballclub Frankfurt, le Royaume-Uni par le club anglais des Moseley Wanderers et la France par une équipe de l'USFSA composée de joueurs parisiens, tous issus du Stade français ou du Racing CF à l'exception d'André Rischmann du Cosmopolitan Club.

France-Écosse

Le 14 octobre, sur la pelouse du Vélodrome municipal de Vincennes, la rencontre entre les deux protagonistes de la guerre de 1870 s'annonce à haute tension et se déroule sous protection policière. Mais après la victoire (27-17) des Français sur les

Allemands, les joueurs des deux équipes se retrouvent le soir même pour dîner au restaurant parisien *Corraza*, dans une ambiance des plus cordiales. Deux semaines plus tard, c'est au tour des Anglais de s'incliner (27-8). Le match se déroule à 9 heures, un dimanche matin, au même Polygone de Vincennes, à une heure de trajet du cœur de la capitale, mais 6 000 spectateurs sont là : cette assistance constitue un record pour l'une des épreuves de ces JO de 1900. Sans le savoir, les Français sont champions olympiques ! Parmi eux se trouve Frantz Reichel, sportif accompli (athlète, boxeur, escrimeur, pilote automobile...) dont le nom reste aujourd'hui attaché aux compétitions junior en France. Se trouve également un certain Constantin Henriquez de Zubiera, d'origine voire de nationalité haïtienne, probablement le premier compétiteur et le premier champion de couleur de l'histoire olympique. Sa présence comme celle de l'Américain André Roosevelt pousseront en 2021 le CIO à requalifier cette équipe de « France » en équipe « mixte ».

Cinq ans plus tard, le 5 mars 1905 au Parc des Princes, une sélection irlandaise baptisée Bective Rangers prend le meilleur 13-8 sur une première équipe clairement dite « de France ». Quatre clubs, dont un de province – le FC Lyon de Noël Cessieux – ont prêté des joueurs, qui évoluent dans des maillots blancs dont les deux anneaux de l'USFSA ont disparu et ont été remplacés par un coq. L'Histoire est en marche.

Abdelatif Bennazzi

COULEURS SACRÉES

Le XV de France mérite bien son qualificatif de tricolore, dont les maillots ont alterné régulièrement le bleu (de différentes nuances), le blanc et même – beaucoup plus rarement – le rouge.

Dans la perspective de la Coupe du monde 1995, le XV de France choisit pour deuxième tenue un maillot rouge – complété par un short bleu foncé et des bas rouges – à la place de l'habituelle version blanche. Ce choix fait tousser nombre de supporters qui y voient quasiment un sacrilège, là où d'autres évoquent une nouvelle couleur pour un nouvel élan, une teinte chaude évoquant la passion, voire – pour ceux dont la culture rugby est la plus riche – un clin d'œil au passé.
Les Français avaient en effet déjà évolué en rouge : face à l'Australie, le 9 mars 1958 à Colombes ; en Italie, le 7 avril de la même année à Naples ; et contre l'Écosse, le 10 janvier 1959 à Colombes. Deux test-matchs et une rencontre du Tournoi qui s'étaient soldés par trois victoires (sur les scores de 19-0, 11-3 et 9-0), sans encaisser le moindre essai. De quoi faire naître une superstition ?

France-Écosse 2015

Voilà en tout cas les « Bleus » peints en rouge débutant leur Tournoi 2015, le 7 février au Stade de France, face à des « Bleus » pur sucre venus d'Écosse. Victorieux (15-8), comme ce sera le cas – mais avec un short blanc désormais – le 5 septembre en match préparatoire à la Coupe du monde (19-16). Et voilà les mêmes, entamant leur parcours dans la compétition, le 19 septembre à Twickenham, et infligeant un 32-10 à l'Italie (en bleu). Invaincus en rouge : oui. Invincibles : non.

Un mois plus tard, le 17 octobre, le XV de France connaît au Millennium Stadium de Cardiff la pire de ses défaites depuis 1906, en matière de points encaissés. Les Néo-Zélandais, tout en noir, inscrivent neuf essais (dont sept transformés) et une pénalité pour un succès 62-13. Ce funeste quart de finale demeure même la plus sévère correction en phase à élimination directe de toute l'histoire de la Coupe du monde. Il n'est pas certain qu'on revoie de sitôt des tuniques rouges...

France-Nouvelle-Zélande 2015

Historiquement, c'est d'abord une tenue blanche que portent les joueurs du XV de France, y compris lors de ce premier France-Angleterre du 22 mars 1906 (8-35), où les deux équipes sont vêtues de maillots et de shorts immaculés. La différence tient aux emblèmes affichés sur la poitrine des joueurs : une rose d'un côté, les deux anneaux (bleu et rouge) de l'USFSA de l'autre...

France-Nouvelle-Zélande 1906

Le coq, lui, n'est pas encore sorti de l'œuf : il n'apparaîtra, fier et combatif – représenté de face, ailes ouvertes – que le 1er janvier 1912, au Parc des Princes, lors du France-Irlande (6-11) du Tournoi des Cinq Nations. Il est apposé sur un maillot bleu clair, qui alterne avec le blanc depuis quelques années désormais. En réalité, l'équipe de l'USFSA avait déjà affiché un grand coq sur sa tenue blanche, le 5 mars 1905, pour un match contre les Irlandais Bective Rangers Irlande, mais il ne s'agissait ni du XV de France, ni d'une équipe nationale face à lui. C'est Marcel Communeau, alors capitaine, qui imposa, après la première victoire du XV de France contre l'Écosse en 1911, que les joueurs portent désormais le coq gaulois en guise d'emblème.
Quant aux anneaux de l'USFSA – qui préfigurait les cinq anneaux olympiques dessinés par Pierre de Coubertin en 1913 –, ils disparurent définitivement après la Grande Guerre, puis la création de la Fédération française de rugby – le 11 octobre 1920 –, très précisément le 2 janvier 1922 à l'occasion d'un France-Écosse à Colombes. Ce jour-là, en revanche, apparaissent pour la première fois les numéros des joueurs.

COULEURS SACRÉES

Tout au long du XXe siècle, la tenue habituelle de l'équipe de France se compose d'un maillot bleu roi, d'un short blanc et de bas rouges. Même si, lorsqu'ils affrontent des adversaires jouant eux-mêmes en bleu (Écosse, Italie, Samoa notamment), ils enfilent un maillot blanc, les internationaux deviennent pour le public « les Tricolores », ou « les Bleus ».
À partir des années 2000, les couleurs subissent de légères modifications, d'abord tous les deux ans, puis tous les ans, pour marquer la nouveauté tout en respectant la tradition. Les nuances varient ainsi d'une saison à l'autre dans le bleu des maillots dont les shorts, comme les chaussettes, s'emparent également à l'occasion. En 2017, enfin, un slogan (*#France2023*) apparaît sur les poitrines des joueurs afin de soutenir la candidature de la France pour l'organisation de la Coupe du monde 2023. Bientôt, c'est un premier sponsor qui s'y affiche. Une nouvelle ère a débuté.

Angleterre-France 1913

Marcel Communeau,
France-Galles

LA NAISSANCE
(1906-1914)

Pour ses débuts internationaux, le XV de France ne remporte certes qu'un seul des vingt-huit matchs qu'il dispute avant la Grande Guerre. Mais l'écart se resserre avec les nations phares.

Il faut bien reconnaître que l'objectif des premiers matchs du XV de France n'est pas de remporter la victoire, mais plutôt d'éviter que la défaite – programmée – soit humiliante... Si l'Union des sociétés françaises de sports athlétiques (USFSA) met sur pied la première véritable et officielle équipe de France de rugby, les Britanniques trouvent d'ailleurs ces coqs gaulois si tendres qu'ils se refusent à les « matcher », comme on le dit à l'époque.

Le 1er janvier 1906, sur la pelouse du Parc des Princes, c'est donc un adversaire plus inattendu qui leur rend visite pour leur entrée officielle dans le concert international. Il n'est pas d'outre-Manche, mais d'outre océans Indien et Pacifique. Les Néo-Zélandais viennent de conclure leur première tournée en Grande-Bretagne sur une série de 32 succès sans connaître la moindre défaite. C'est du solide. Ils ont coutume de n'aligner que sept avants, préférant le jeu déployé vers leur ligne arrière où évolue un cinquième trois-quarts baptisé 5/8e. Les Anglais les ont surnommés « All Backs », tous arrières, qui deviendra « All Blacks », suite à une erreur d'orthographe.

France-Écosse 1911

Le score final est sévère pour ce premier XV de France dans lequel sont d'ailleurs alignés un Anglais et un Américain : 38-8 pour les Néo-Zélandais, dont le capitaine Dave Gallagher qualifiera la partie de « *très amusante* » : « *Nous avons éprouvé beaucoup de plaisir, parce que nous avons rencontré de parfaits gentlemen.* » Dix essais à deux certes, mais les Français redoutaient bien pire, surtout après avoir fait face à leur premier « haka ». La performance (58-12, avec le décompte de points actuel) est d'ailleurs jugée suffisamment honorable pour que les Anglais daignent se déplacer dans ce même Parc des Princes et infliger « *une défaite pleine d'espoir* » – selon le journal *L'Auto* – aux petits Frenchies : 35-8. Et pas suffisamment inquiétante pour que ne leur soient fermées longtemps encore les portes d'un prestigieux tournoi qui devient en 1910 celui des Cinq Nations. Angleterre, Écosse, pays de Galles et Irlande acceptent enfin la France à leur table, sans crainte excessive d'être privés de dessert ni de récupérer de cuillères de bois qu'ils réservent à leur invitée.

France-Irlande 1910

Cinq ans après sa naissance, et à l'occasion de son treizième match, le XV de France y remporte toutefois sa première victoire, au stade du Matin de Colombes, face à l'Écosse (16-15), le 2 janvier 1911. L'événement est historique et célébré comme tel. Dans le quotidien *L'Auto*, le journaliste Paul Champ raconte : « *Qui n'a pas vu, après le match, la ruée des populaires vers les héros de la journée n'a rien vu ! En quelques instants, nos hommes sont entourés, acclamés, portés en triomphe. Et bientôt, de la foule qui palpite de joie et de fierté, s'élèvent portés sur des épaules Marcel Communeau, l'industriel de Beauvais, Gaston Lane, l'employé de commerce parisien et Pierre Faillot, l'élève de l'École Centrale.* » Les Écossais sauront s'en souvenir et s'imposeront largement 31-3 un an plus tard à Édimbourg...

Galles-France 1910

Jusqu'à la déclaration de Guerre et la fin du Tournoi 1914, le XV de France va consciencieusement aligner quinze défaites consécutives. Certaines inquiétantes comme le 37-0 en Angleterre (1911), le 5-38 à Paris pour la première visite des Sud-Africains (1913) ou le 31-0 au pays de Galles (1914)... D'autres encourageantes, comme le 8-11 à Paris face aux Gallois (1913) ou même rageantes comme le 6-8 au Parc contre l'Irlande (1914) concédé sur un coup de pied en fin de match.

L'équipe de France est en construction, elle cherche ses marques, ses repères. Lorsqu'elle a été invitée à disputer le Tournoi, les Britanniques et Irlandais s'étaient déjà affrontés, depuis 1882-1883, lors de vingt-sept éditions successives de leur Rugby Championship. Le vécu n'est pas le même des deux côtés de la Manche, et le bilan tricolore n'a rien d'infamant. Le nouveau-né apprend peu à peu à marcher.

1er janvier 1906, Parc des Princes, Paris (FRA)
FRANCE – NOUVELLE-ZÉLANDE, 8-38 (3-18)
Arbitre : L. Dedet (France)

Les points :
France – 2 essais : Cessieux, Jérôme.
1 transformation : Pujol.

Nouvelle-Zélande – 10 essais : Wallace (3), Abbot (2), Hunter (2), Harper, Glasgow.
4 transformations : Wallace (2), Tyler, Abbot.

France : W.H. Crichton – G. Lane, H. Levée, P. Sagot, A. Pujol – (o) H. Amand (cap), (m) H. Lacassagne – J. Dufourcq, N. Cessieux, M. Communeau – G. Jérôme, A.H. Muhr – A. Branlat, P. Deyden, S.A. Vergès.

Nouvelle-Zélande : E.E. Both – E.T. Harper, W.J. Wallace, H.L. Abbot – J. Hunter, (m) H.J. Mynott, J.W. Stead – D. Gallagher (cap), C.E Selling, W.S. Glenn – W. Cunningham, F. Newton – F.T. Glasgow, G.A. Tyler, W.H.C. Mackrell.

Uini Antonio

LES ÉTRANGERS DU XV DE FRANCE

Bernard le Roux

De 1906 à nos jours, quelques joueurs étrangers – et non des moindres – ont poussé leur amour de la France jusqu'à défendre les couleurs de notre XV national au mépris de leur passeport.

Comment différencier un Anglais d'un Écossais, un Gallois ou un Nord-Irlandais ? Pas par leurs passeports, c'est certain, qui sont tous britanniques sans autre distinction. Et encore moins par leurs cartes d'identité ; ce document n'existe pas au Royaume-Uni… Aussi, au moment de décider quels joueurs peuvent intégrer l'une ou l'autre des équipes dites « nationales » britanniques, le règlement se joue des frontières politiques et se base sur les réalités géographiques. Le comble étant cette incroyable équipe d'Irlande qui mêle des joueurs de deux nationalités différentes : des Irlandais du Nord, citoyens britanniques, et d'autres du Sud, ressortissants de la république d'Irlande.

Rory Kockott

On est « anglais » parce qu'on joue au rugby en Angleterre, et la règle s'applique – par souci d'équité – dans tous les autres pays du monde. Aujourd'hui encore, un joueur étranger est éligible à une sélection nationale s'il respecte quelques critères, notamment celui d'être résident sur le sol dudit pays depuis les trois précédentes années sans coupure supérieure à soixante jours (règle 8 du règlement de World Rugby). Même si l'on exige également que le champion n'ait jamais représenté une autre nation, ce n'est finalement pas si contraignant.

En 1906, à l'occasion de son premier match, deux étrangers ont ainsi défendu les couleurs du XV de France face à la Nouvelle-Zélande : à l'arrière, William Hay Crichton, un Anglais du Havre, et en deuxième ligne, Allan Henry Muhr, vieux renard américain du Racing. Trois mois plus tard, Ernest William Lewis, un industriel anglais du Havre, viendra – au centre – compléter ce duo.
Bien plus d'un siècle plus tard, Uini Atonio, né à Timaru en Nouvelle-Zélande de parents originaires des Samoa, a participé aux cinq matchs du Grand Chelem tricolore 2022. Le président de la FFR, Bernard Laporte, ne veut certes plus de joueurs étrangers en équipe de France. Mais cette décision, appliquée depuis 2016, n'est pas rétroactive et ne concerne donc pas le pilier de La Rochelle, international français depuis le 8 novembre 2014. Avant même qu'il n'ait déposé une demande de naturalisation, en 2017, celui-ci déclarait d'ailleurs : « *Mon fils est né*

Tony Marsh

Legi Matiu

en France. Je suis Français, je chante La Marseillaise, je représente mon pays. »

Entre le duo Crichton-Muhr et le barbu Atonio, bien d'autres joueurs ont mis leur talent au service d'une nation qui n'était pas exactement ou pas encore la leur. Le plus emblématique est évidemment Abdelatif Benazzi, héros de la Coupe du monde 1995 et capitaine à partir de 1996. Né à Oujda et de nationalité marocaine, le troisième ligne n'aurait d'ailleurs jamais dû jouer en bleu : en 1990, il a disputé un match (contre la Belgique) avec la sélection marocaine avant ses débuts dans l'équipe de France de Jacques Fouroux, le 9 juin en Australie. Il ne deviendra Français qu'un an plus tard. Parcours atypique.

Dans cette légion étrangère au service de la France, d'autres Africains (du Sud, ceux-là) composent le bataillon le plus nombreux : Eric Melville (1990-1991), Andries van Heerden (1992), Pieter de Villiers, (69 sélections de 1999 à 2007, naturalisé en 2002), Steven Hall (2002), Brian Liebenberg (2003-2005), Antonie Claassen (2013-2014), Daniel Kotze (2013-2017), Rory Kockott (2014-2015), Bernard Le Roux (depuis 2013), Scott Spedding (2014-2017)... Paul Willemse, lui, a dû attendre sa naturalisation pour faire ses débuts chez les Bleus.

Le Fidjien Noa Nakaitaci l'avait devancée, en alignant quinze sélections depuis le 15 mars 2015, avant de l'obtenir officiellement le 13 novembre 2018...
Legi Matiu a, lui, amorcé en 2000 la présence néo-zélandaise dans le XV de France, perpétuée par Uini Atonio. Entre les deux, le centre Tony Marsh a aligné 21 sélections (2001-2004) sous le maillot bleu ; une série entamée un an avant d'obtenir sa naturalisation. Pour l'anecdote, le pilier Vincent Debaty – sélectionné chez les Bleus pour la première fois en 2006 – né à Woluwe-Saint-Lambert, en banlieue de Bruxelles – a, pour sa part, prouvé plus que de l'attachement pour notre pays. Il a choisi par la suite d'abandonner sa nationalité d'origine pour devenir français, la Belgique ne reconnaissant pas la double nationalité. C'est ce que l'on appelle pour le moins aimer le maillot.

Tournée en Nouvelle-Zélande 1906

France-Irlande 1920

PREMIERS SUCCÈS
(1919-1931)

Au sortir de la Grande Guerre, la progression du XV de France est constante. Peu à peu, les premières victoires « historiques » s'accumulent, au point que les Britanniques froncent les sourcils.

La guerre, la Grande Guerre, la sale Guerre, est enfin terminée, laissant derrière elle des champs de cadavres, civils comme militaires : rien qu'en France, on les évalue à environ un million et demi. S'ajoutent les blessés par millions eux aussi… Les rugbymen n'ont pas été épargnés et le XV de France a payé un lourd tribut. Comment aurait-il pu en être autrement ?

Irlande-France 1923

C'est un besoin de renaissance et d'affirmation virile qui marque l'immédiat après-guerre. Un besoin d'insouciance également : les années folles ne sont pas si loin. Et sur les terrains, le XV de France bénéficie à plein de cet état d'esprit. Il s'ouvre de nouveaux horizons et cesse d'être une victime programmée. Les forteresses tombent. Le 3 avril 1920, pour son 31e match, l'équipe de France réalise un double exploit : non seulement elle ajoute l'Irlande à la liste de ses victimes – bien courte ; elle ne comportait que l'Écosse –, mais elle remporte également ce jour-là son premier match à l'extérieur, en s'imposant 15-7 à Lansdowne Road à Dublin. Du travail bien fait, en marquant cinq essais et n'en encaissant qu'un seul.

L'année suivante, c'est au tour des Écossais de s'incliner sur leur terrain, à Inverleith, Édimbourg. Le score (3-0) est étriqué, mais la victoire est d'autant plus belle que le XV de France – qui alignait six nouveaux – n'a terminé qu'avec douze joueurs valides. Mieux : il finit pour la première fois à la deuxième place du Tournoi... À leur retour à Paris, les Français sont accueillis par 3 000 supporters qui portent en triomphe le capitaine, le centre René Crabos, que les Anglais eux-mêmes surnomment « le Génie du rugby ».

Les Anglais, justement, cèdent à leur tour, sur le même score (3-0), le 2 avril 1927, au stade olympique de Colombes. Une performance d'autant plus inattendue que les deux Tournois précédents s'étaient soldés par une succession de huit défaites...

France-Allemagne 1931

Ne reste plus qu'à faire chuter le pays de Galles, seule nation britannique encore invaincue face aux Bleus : c'est chose faite le 9 avril 1928, toujours à Colombes, sur le score de 8-3. À défaut d'être devenue une valeur sûre du rugby européen, la France peut désormais regarder les nations britanniques dans les yeux. C'est peut-être un peu trop d'arrogance pour celles-ci, qui prennent le prétexte de certains débordements (violence, amateurisme présumé marron...) pour rompre toute relation et l'exclure du Tournoi.

C'est la deuxième fois, en fait, que cela se produit. À l'occasion du France-Écosse du 1er janvier 1913,

Irlande France 1932

des supporters en colère s'étaient jetés sur l'arbitre, obligeant la police montée à intervenir. Le secrétaire de la Scottish Rugby Union avait décidé que « *si la partie ne peut être jouée que sous la protection de la police ou des militaires, elle ne vaut pas la peine d'être jouée* ». Et l'Écosse avait refusé d'affronter la France lors du Tournoi de 1914, l'excluant implicitement de la compétition. Mais la Première Guerre mondiale n'avait pas permis l'application de cette exclusion, et en 1920, la compétition avait repris normalement entre les cinq nations, au nom de la fraternité d'armes.

En marge du Tournoi, les frontières se sont ouvertes au cours de cette même période. Les Jeux olympiques d'Anvers en 1920 sont l'occasion d'affronter les États-Unis, une formation construite de bric et de broc, mais qui s'impose en finale (8-0) grâce au physique de ses spécialistes de football américain. Une « revanche » amicale inversera le résultat un mois plus tard à Colombes (14-5). Ceux de Paris en 1924 permettent aux Tricolores de s'amuser face aux Roumains (61-3) avant de céder de nouveau face aux Américains en finale (17-3).

En 1927, c'est l'Allemagne que le XV de France découvre, pour une victoire aisée (30-5). L'année suivante, une sélection de la Nouvelle-Galles du Sud ajoute un soupçon d'Australie à la liste des adversaires de l'équipe du capitaine Adolphe Jauréguy. Un parfum de défaite aussi, bien méritée malgré le score serré (8-11). Au total, le XV de France a disputé 60 matchs durant cette période 1919-1931, pour 18 victoires (dont 5 en déplacement) et 2 nuls. Ce ratio de deux défaites pour trois affrontements montre tout autant ses progrès que ses limites.

France Allemagne 1934

LA PÉNITENCE
(1931-1939)

Exclu du Tournoi des Cinq Nations, le XV de France souffre à affronter des adversaires à la nature et au niveau douteux. Et au-delà de lui, c'est tout le rugby national qui traverse une période de crise.

L'image n'est pas du meilleur goût. Le 24 mars 1935, le XV de France reçoit la formation du IIIe Reich, et les joueurs allemands, leur entraîneur, font le salut nazi pendant la présentation des équipes aux côtés des Français, bras le long du corps. Indifférents ? Gênés ? Interloqués ? Exaspérés ? Quoi qu'il en soit, affronter n'est pas cautionner et il serait malhonnête de préjuger d'un quelconque soutien politique.

France-Italie 1937

Depuis 1931 et l'exclusion du Tournoi des Cinq Nations par les Britanniques, l'Allemagne d'Adolf Hitler est le principal – et quasiment l'unique – interlocuteur du rugby français. Dix fois, les équipes se rencontrent jusqu'en 1939, pour neuf victoires des Bleus – dont ce 18-3 de mars 1935 – et une seule toute petite défaite (3-0), le 27 mars 1938 à Francfort-sur-le-Main. Le IIIe Reich n'est toutefois pas, c'est le moins que l'on puisse dire, une grande référence en matière de ballon ovale.

Et quand il change d'adversaire – grâce à la création d'une anecdotique Fédération internationale de rugby amateur, en 1934 –, le XV de France affronte l'Italie fasciste de Benito Mussolini pour une victoire 43-5 au Parc des Princes, le 11 octobre 1937. Ou bien l'à peine plus fréquentable Roumanie où le roi Carol II vient tout juste, en mars 1938, de supprimer la démocratie parlementaire et s'arroger les pleins pouvoirs. Les Bleus s'imposent 11-8, trois mois plus tard, à Bucarest. Évidemment, il n'en tire aucune gloire, même si, statistiquement, ses victoires s'enchaînent d'avril 1931 à octobre 1937 ; il établit un record avec une série de 10 succès consécutifs sur l'Angleterre, l'Allemagne (huit fois) et l'Italie.

Max Rousié

Mais, privée de véritable vitrine internationale pour des soupçons de professionnalisme (paiement des joueurs, recrutements interclubs) tout autant que pour la violence engendrée lors de certains matchs, tant sur le terrain qu'en dehors, la discipline connaît en interne de graves problèmes. En décembre 1930, une majorité de clubs – opposés au professionnalisme pratiqué par les meilleurs clubs nationaux – a fait sécession et fondé l'Union française de rugby amateur. On y retrouve les plus prestigieux : Stade français, Stade toulousain, Stade bordelais, Aviron bayonnais, USA Perpignan, Section paloise, FC Lyon, Stado Tarbais, et bien d'autres. Ces « indépendantistes » s'opposent à la sélection de leurs joueurs dans le XV de France.

Joseph Desclaux (dit Jep), France-Roumanie 1937

Parallèlement, le secrétaire général de la Rugby League anglaise, John Wilson, voit là une opportunité d'introduire le rugby à XIII en France. Le XV tricolore perd la moitié de ses 900 clubs ainsi que ses meilleurs joueurs, qui créent une fédération dédiée au rugby à XIII professionnel. Les foules se pressent, certes, pour admirer les anciens internationaux (à XV) tels que Max Rousié, Antoine Blain, Jep Desclaux, Jean Galia et bien d'autres affronter les meilleurs Britanniques, mais à XIII. Jusqu'à l'enfant prodige de l'Aviron bayonnais, Jean Dauger, qui rejoint Roanne pour deux ans, moyennant un emploi dans l'industrie textile... Sombre période, sale temps.

La suite sera bien plus dramatique : si la Fédération française de rugby est parvenue à trouver un accord avec les clubs dissidents, si les Britanniques acceptent enfin les gages de bonne conduite de la part de Français, et s'ils se décident finalement à les réintégrer dans le Tournoi des Cinq Nations à l'occasion de son édition 1939, le déclenchement de la Deuxième Guerre mondiale rend cette réconciliation illusoire. Elle se fera, plus gravement, sur les champs de bataille. Trois matchs internationaux se dérouleront toutefois pendant cette période, avant la capitulation allemande du 8 mai 1945 : le XV de France s'inclinera au Parc des Princes, le 25 février 1940 (36-3) face à une sélection de la British Army, assez proche des Lions. Il s'agissait là de son centième match officiel, et du premier depuis 1931 face à une équipe d'outre-Manche. Les huit essais des visiteurs (dont trois du centre gallois Wooler, 1,88 m et 89 kg) avaient démontré le manque de rythme des Tricolores.

Jean Dauger, France-Angleterre 1938

Cinq ans après, ils allaient réaliser un petit miracle en prenant leur revanche (21-9) face à cette même Armée britannique, toujours au Parc des Princes. L'équipe, pourtant inexpérimentée – douze des quinze joueurs y faisaient leurs débuts internationaux –, jouait en blanc et n'avait pas encore récupéré son coq gaulois : seul un losange bleu, blanc, rouge était cousu sur la poitrine. L'unique rescapé du match de 1940, le capitaine et troisième ligne Pierre Thiers, 30 ans, avait été fait prisonnier pendant deux ans et, de retour en Auvergne, avait dû se contenter de football pendant dix-huit mois... Enfin, le XV de France s'inclinera de nouveau (27-6) face aux British Empire Forces, le 28 avril, à l'Athletic Ground de Richmond en Angleterre.

IN MEMORIAM

Les deux guerres mondiales de 1914-1918 et 1939-1945 n'ont pas plus épargné les rugbymen que les militaires ou les populations civiles. Le XV de France lui-même a payé un lourd tribut aux conflits.

Ils sont vingt-deux. Vingt-deux internationaux à ne pas être revenus des champs de bataille de la Grande Guerre… L'hécatombe a débuté dès le 24 septembre 1914, aux alentours de Stenay, dans la Meuse. Gaston Lane, trois-quarts international (16 sélections) du Racing, tombe sous les balles ennemies, comme tant d'autres, anonymes ou non, après lui. Son club perdra six de ses joueurs et cinq autres reviendront sévèrement blessés du front. Un statut d'international ne confère aucun privilège, une cape ne protège pas des balles : on part à la guerre, on défend, on attaque, on tombe, on se relève, on joue les remparts, on se fait capturer, on s'évade… Et dans quelque formation que ce soit, on connaît l'horreur des tranchées.

Marcel Communeau

Comme des milliers, les rugbymen souffrent quotidiennement du froid, des poux, de la faim. Enrôlés ou volontaires, ils font leur devoir, remplissent leur tâche. Beaucoup y laisseront leur vie. Ils ont peur, bien sûr, même si parfois ils jouent les gros bras. Marcel Legrain confie ainsi à l'un de ses coéquipiers du Racing : « *J'ai passé de bien durs*

moments depuis le début de la guerre, mais rien ne m'a semblé aussi rude que le match que j'ai joué pour la France contre l'Écosse. » Le souvenir datait de 1913. Le deuxième ligne tombera le 27 juin 1915 sur le front, à Neuville-Saint-Vaast.
Henri Amand et Louis Dedet, deux internationaux du Stade français âgés de plus de quarante ans, se sont engagés et disputent face à Géo André (international du Racing) leur « *dernière partie de rugby* » en 1915, sur un champ de boue du front de Champagne. « *Les joueurs s'étaient déshabillés dans les tranchées, mais les Allemands envoyèrent un fusant* (obus qui éclate en vol) *au-dessus du terrain, et personne ne tint à rester plus longtemps.* »

Gaston Lane 1913

Quatre citations récompenseront le courage des Stadistes Marcel Communeau et Simon Paoli, rescapés de terribles chutes d'avion. Six distingueront les protégés Racingmen de l'Américain Allan H. Muhr, désormais officier de l'armée US après avoir été l'un des moteurs du développement du rugby en France (et trois fois international français). Muhr recevra la médaille militaire et la Légion d'honneur.
Ces derniers ont eu la chance de revenir du théâtre des combats. Mais lorsque le XV de France renaît, le 1er janvier 1920, c'est aux disparus que les joueurs rendent un vibrant hommage au Parc des Princes où est érigé un monument commémoratif. Près

Maurice Hedembaigt France-Afrique du Sud 1913

de six ans se sont écoulés depuis son dernier match, le 13 avril 1914 face à l'Angleterre, et les Écossais présentent une équipe tout aussi décimée (31 internationaux morts au combat) par la Grande Guerre. Ils s'imposeront 5-0, mais était-ce bien le plus important ? L'émotion était ailleurs.

Deux décennies plus tard, elle est de nature bien différente au Parc des Princes. Depuis 1931, les Français ont été privés de rencontres avec les Britanniques. Ils ont bien été autorisés à réintégrer le Tournoi des Cinq Nations, mais le déclenchement de la guerre en a décidé autrement… Le 25 avril 1940 marque les retrouvailles par le biais d'une sélection dite de « Grande-Bretagne » composée de trois internationaux irlandais, sept anglais, quatre gallois et un écossais.
À dire vrai, elle relève plus sûrement de l'armée que des Lions britanniques, mais ne se gêne nullement pour donner la leçon. Pour ce qui constitue la centième rencontre internationale du XV de

France, nos « alliés » inscrivent huit essais (dont six transformés) pour une démonstration soldée sur le score de 36-3 devant vingt-cinq mille spectateurs. Encore l'essai ne valait-il que trois points à l'époque...

Parmi les joueurs français alignés ce jour-là, le pilier tarbais François Méret, qui périra moins de deux mois plus tard dans les combats des Ardennes. Il était marié depuis douze jours lorsqu'il rejoignit son régiment... Plus tard, Géo André tombera le 4 mai 1943 les armes à la main sur le front de Tunisie. Allan H. Muhr, héros de la Grande Guerre, meurt en déportation le 29 décembre 1944 à Neuengamme (Allemagne), tout comme Étienne Piquiral, polytechnicien et vice-champion olympique 1924, le 13 mars 1945 à Lübeck. D'autres, tels André Bonnet, entrés en Résistance, sont fusillés par l'occupant. Gilbert Brutus, grande figure du rugby catalan et languedocien, un des résistants de la première heure, meurt le 7 mars 1944, des suites des tortures qui lui ont été infligées. Au total, les tablettes de la FFR répertorient cent vingt-cinq joueurs de haut niveau victimes de la Seconde Guerre mondiale...

Le XV de l'armée Française 1917

Guy Basquet 1950

Jean Prat

EN MARCHE AVANT
(1946-1958)

Soixante-quinze matchs, vingt-neuf défaites, deux nuls mais surtout quarante-quatre victoires, dont certaines « historiques » face aux meilleures nations du monde. Le XV de France se fait enfin respecter.

En sport, il n'existe pas beaucoup d'autres manières d'être respecté par l'adversaire que de le battre, au moins de temps à autre. Et à la régulière, évidemment. Le rugby n'échappe pas à la règle. Au moment où les Britanniques acceptent de nouveau de recevoir le XV de France dans « leur » Tournoi pour son édition 1947, au sortir de la Deuxième Guerre mondiale, celui-ci n'a pas encore su donner des gages d'excellence. Il est accepté, certes, mais sans doute avec une certaine condescendance, comme un petit frère malhabile,

Lucien Mias 1959

et non comme un égal. Toute cette période va permettre aux Bleus d'avancer, de gagner des matchs qui comptent, de réaliser des premières, et finalement d'être enfin considérés comme des interlocuteurs valables.

En interne, sur le plan national, leur montée en puissance est d'ailleurs stimulée par la guéguerre avec un rugby à XIII au mieux de sa forme. La sélection nationale emmenée par Aubert-Henry-Jean Puig, dit Puig-Aubert – un ancien de l'USA Perpignan, à XV – remporte à trois reprises la Coupe d'Europe des Nations (1949, 1951 et 1952) et atteint même en 1954 la finale de la première Coupe du monde de la discipline, disputée en France. Elle ne s'incline qu'en finale face à la Grande-Bretagne (16-12) au Parc des Princes. Face à une telle concurrence, le XV doit montrer ses muscles, et quelle meilleure vitrine que la scène internationale pour en faire étalage...
Trois capitaines d'exception vont s'en charger, emmenant derrière eux une nouvelle génération de joueurs pour faire renaître le jeu à la française : Guy Basquet, Jean Prat et Lucien Mias. Cela ne tarde pas ; coup sur coup, le XV de France tape au sud puis au nord. Le 11 janvier 1948, c'est un premier succès historique sur l'Australie (13-6), au stade Yves-du-Manoir de Colombes, qui fait dire au capitaine de la tournée des Wallabies, Mac Lean : « *Il n'y a pas une équipe en Angleterre pour vous battre. Vous êtes plus forts que les Écossais, plus efficaces que les Gallois. Vous les battrez tous, à une condition : que le ballon soit sec. Dans le jeu à la main, dans le jeu de déplacement, l'équipe de France est la meilleure formation que je connaisse.* »
Un mois et demi plus tard, malgré deux défaites face à l'Irlande et l'Écosse en début de Tournoi, c'est au

Irlande-France
1949

tour des Gallois de s'incliner pour la première fois sur leur terrain, le 21 février à Swansea, au terme d'un match de tranchées, pas vraiment typiquement tricolore (11-3). Mais voilà, c'est fait : l'un des derniers bastions, considéré il y a peu encore comme imprenable, est tombé. L'année suivante, le XV de France s'imposera en Irlande (16-9), pour obtenir la deuxième place du Tournoi derrière sa victime du jour. Le coup n'est pas passé si loin. Cette équipe voyage bien. Elle le prouve en franchissant pour la première fois l'équateur à l'occasion de sa première tournée. Ce sera en Argentine, en août et septembre de la même année. Car il ne saurait être question de reconnaissance internationale sans convaincre également l'hémisphère Sud.

Au Nord, le dernier bastion tombe lui aussi : après dix visites infructueuses en Angleterre, les Bleus

enregistrent enfin leur premier succès à Twickenham, dans la boue, grâce notamment à Jean Prat, auteur de huit points. Ce 11-3 constitue une révolution et, bizarrement (ou pas ?), les dirigeants britanniques commencent à reparler d'une possible exclusion de la compétition pour ces *Frenchies* coupables de « *mauvaise éducation* ». Il faudra, les années suivantes, tout l'entregent de René Crabos, alors président de la FFR, et son acolyte Adolphe Jauréguy pour éviter la sanction.
Cela aurait été d'autant plus dommage que le XV de France de « Monsieur Rugby », Jean Prat, poursuit sa progression. Le 27 février 1954, en plein cœur du Tournoi, il bat pour la première fois celui de Nouvelle-Zélande, en l'emportant au stade Yves-du-Manoir de Colombes, quarante-huit ans après la première confrontation entre les deux équipes. Une victoire acquise sur le score de 3-0, au prix d'une défense infranchissable face aux assauts des All Blacks.

Lorsque le tournoi reprend, et malgré une défaite (19-13) au pays de Galles, la victoire sur l'Angleterre (11-3), le 10 avril 1954 à Colombes, offre enfin aux Bleus leur premier succès dans la compétition. Historique lui aussi. La vérité oblige à reconnaître que trois équipes présentent le même bilan de trois succès pour une défaite et que le titre est donc partagé entre la France, l'Angleterre et le pays de Galles. Mais quel soulagement après tant d'attente ! Et pour

René Crabos

bien enfoncer le clou, les Français récidivent l'année suivante, loupant le Grand Chelem d'un rien – une défaite 16-11 à Paris face au pays de Galles pour le dernier match –, s'octroyant la victoire finale cette fois avec les seuls Gallois. La démonstration est faite du niveau atteint par le rugby tricolore.

Du moins dans l'hémisphère Nord. Dans le Sud, elle sera éclatante. Non content de surclasser (19-0) l'Australie à Colombes, en mars 1958, le XV de France va réaliser l'un des plus fabuleux exploits sur le sol sud-africain à l'occasion de sa tournée d'août-septembre de la même année. Après un premier test où l'équipe du « Dr Pack » Lucien Mias arrache le nul (3-3) face aux Springboks, elle s'impose 9-5 à l'occasion de la revanche, le 16 août 1958 à l'Ellis Park de Johannesburg, malgré les absences et les blessures. C'est la première fois depuis une tournée

France-Nouvelle-Zélande 1954

des Lions britanniques en 1896 que les Sud-Africains perdent une série de tests sur leur sol ! « *C'est une page du rugby français qui vient de s'écrire,* commente alors Adolphe Jauréguy, vice-président de la FFR. *Cette victoire, cette série de victoires ne peut qu'augmenter le prestige de la France.* » Et lui donner des envies d'encore plus, maintenant qu'elle est respectée par les meilleures nations du monde.

Afrique du Sud-France 1958

France-Écosse 1959

André Boniface

LA TERRE PROMISE

(1959-1968)

C'est fait… En 1959, pour la première fois, le XV de France n'a pas à partager sa victoire dans le Tournoi. Et en 1968, il réalise son premier Grand Chelem. En Europe, il a atteint la Terre promise.

L'un des paradoxes les plus évidents du rugby, et du sport en général, est que si l'on a bien besoin d'un adversaire pour engager le combat, on est tout de même sacrément content lorsqu'on est parvenu à s'en débarrasser. C'est même le but de toute compétition. Aussi les succès partagés dans les Tournois des Cinq Nations 1954 et 1955, pour aussi enthousiasmants qu'ils soient, ne peuvent empêcher les rêves de solitude. Là-haut, à la première place, sur la première marche du podium. Et même – allez, soyons fous ! – en réalisant le score parfait.

Pierre Albaladejo
France-Galles 1963

Sachant qu'à cette époque, aucune compétition planétaire ne pointe à l'horizon (la Coupe du monde ne naîtra qu'en 1987), qu'aucun classement mondial n'existe encore, et que les test-matchs des tournées ne sont finalement que des matchs amicaux, c'est bien vers le Tournoi que se portent les espoirs français. La décennie 1959-1968 va les concrétiser.

Dans la foulée de sa tournée triomphale en

Benoit Daugat 1974

Afrique du Sud, le XV de France aborde le Tournoi 1959 avec un statut différent. Depuis mars 1958, il n'a jamais été battu... Sa victoire initiale le 10 janvier face à l'Écosse (9-0) confirme sa réputation. Son match nul (3-3) à Twickenham, un mois et demi plus tard, fait disparaître les rêves de Grand Chelem mais assure l'essentiel. Et la victoire contre le pays de Galles (11-3) est synonyme de première victoire en solitaire dans la compétition, quel que soit le résultat de son dernier match face à l'Irlande. Le XV de France le perdra d'ailleurs 9-5 deux semaines plus tard, mettant fin à douze mois d'invincibilité.
Avec deux victoires et un nul, il devance l'Irlande et le pays de Galles, deux défaites chacun. Dans *L'Équipe*, Denis Lalanne constate avec un rien d'emphase que « *Lucien Mias et ses compagnons ont rejoint et dépassé les Britanniques, inventeurs du jeu et gardiens de sa tradition* ». Plus terre à terre, le président de la Welsh Rugby Union proclamait après le match perdu par son équipe galloise que le rugby français méritait d'être représenté à l'International Board. Mais aussi que les arbitres français devraient également être invités à participer au Tournoi – Bernard Marie sera

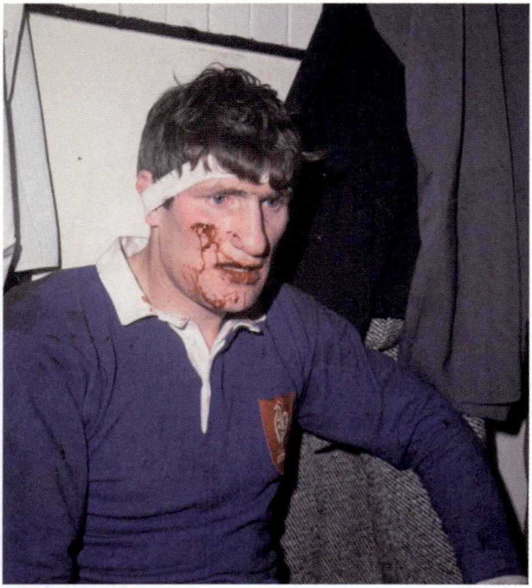

Walter Sapnghero
1968

le premier en 1965 –, et qu'enfin, nulle différence ne devait être admise entre rugbys français et britannique... Nous ne sommes pas encore en mai 1968, mais c'est une sacrée révolution.

Lucien Mias en provoque une seconde : « *Je suis heureux de cette victoire dans le Tournoi qui apporte la preuve formelle que nous étions dans le vrai. Il y avait encore des incrédules. Le rugby est un jeu collectif, nous avons ouvert la voie. Je souhaite à mes camarades de continuer l'an prochain ! Mais oui... Fini pour moi, le Tournoi des Cinq Nations. L'an prochain, Mazamet, la fac et c'est tout. Mon rôle est terminé.* » L'héritage est lourd à porter. Mais en de bonnes mains. En 1960, le XV de France remporte de nouveau le Tournoi, à égalité avec l'Angleterre. En 1961, il réalise un Petit Chelem pour la deuxième fois consécutive, mais en terminant seule équipe invaincue cette fois. Seul un nul (5-5) en Angleterre lui interdit le score parfait. En plein cœur de la compétition, il s'est frotté à Colombes aux rugueux Sud-Africains pour un match plein qui restera dans les annales pour son score vide : 0-0. Le seul 0-0 de l'histoire tricolore, aucune équipe n'ayant cédé à l'épreuve de force.

La tournée de juillet-août en Nouvelle-Zélande se solde par un bilan comptable de six victoires seulement pour sept défaites, dont trois à l'occasion des test-matchs face aux Blacks : 13-6, 5-3, et surtout un sévère 32-3. Doutes ? La victoire en Australie (15-8) pour finir la longue tournée les balaye. Le nouveau succès dans le Tournoi 1962 également.
Les joueurs qui remportent ces premières victoires dans le Tournoi comprennent Alfred Roques, Amédée Domenech, François Moncla, Michel Crauste (dit « le Mongol »), Michel Celaya, André et Guy Boniface, Christian Darrouy, Pierre Albaladejo... Du talent à revendre. Et une popularité grandissante : depuis Écosse-France 1958, les matchs du Tournoi disputés dans les îles Britanniques sont retransmis à la télévision française, et le fameux Roger Couderc est leur chantre.

Il faudra toutefois attendre 1967 pour renouer avec la victoire dans le Tournoi, au rythme de résultats un peu moins convaincants. Ou à peine plus irréguliers. Parallèlement, on a continué à battre les Sud-Africains chez eux (8-6 en 1964, 19-14 en 1967) mais également à s'incliner avec constance face aux Blacks. De nouveaux joueurs sont arrivés, jeunes, puissants, efficaces et ne manquant pas de panache : les Dupuy, Dauga, Spanghero, Dourthe, les frères Cambérabéro, ou Carrère. Ils vont bientôt réparer un oubli historique.

Richard Dourthe

Guy et Lilian Camberabero 1968

Tout commence le 13 janvier 1968 à Édimbourg, par un succès sur l'Écosse : 8-6 et deux essais à un. Tout continue le 27 janvier 1968, à Colombes, par un net succès face à l'Irlande : 16-6 et deux essais à rien. Tout se poursuit le 24 février, toujours à Colombes, où l'Angleterre cède à son tour 14-9, et un essai à rien. La dernière marche est la plus haute : il s'agit d'aller gagner le 23 mars à l'Arms Park de Cardiff pour décrocher le premier Grand Chelem tricolore de l'histoire du Tournoi. Les Gallois ne sont pas au mieux de leur forme, c'est vrai : ils n'ont remporté qu'un seul de leurs trois matchs précédents. Mais un

Gallois reste un Gallois, surtout lorsque son honneur est en jeu (et accessoirement, qu'il pleut).
Pour leur dernier match en bleu, les Cambérabéro marquent les esprits, certes, mais surtout onze des quatorze points français : un drop, une transformation, une pénalité pour Guy, un essai pour Lilian. Ils n'en tirent pas gloriole : « *Ce Grand Chelem,* explique Guy, *c'est la victoire d'une équipe de copains, de types qui en veulent tous. Ça a vraiment été le moteur. On se sentait tous frères : pas seulement Lilian et moi : nous étions quinze frères.* » « *Et tout le monde obéit*, surenchérit Lilian. *Seul Christian Carrère parle et il est obéi. Instantanément. Ça marche comme un seul homme. Ça, dans une équipe, c'est assez rare, et c'est merveilleux.* »

France-Écosse
1968

Retour du XV de France d'une tournée en Argentine en 1949

Tournée du XV de France en Afrique du Sud 1958

LES TOURNÉES

Pour travailler sa cohésion, essayer de nouveaux joueurs et se frotter aux grandes nations de Sud, le XV de France s'est lancé dès 1949 dans des tournées hallucinantes.

Le terme est-il galvaudé ? Probablement pas. Tout juste la nature des tournées a-t-elle changé fondamentalement. Il n'y a pas grand-chose de commun en effet entre les déplacements sur deux ou trois sites de l'Hexagone en l'espace d'autant de semaines que constituent aujourd'hui les « tournées d'automne » et les interminables périples d'antan, longs de plusieurs semaines passées souvent au bout du monde et émaillés de multiples rencontres contre des adversaires plus ou moins valeureux. La plupart de ces matchs ne sont d'ailleurs pas aujourd'hui considérés comme « internationaux ».

La première de ces tournées-marathons fut transatlantique. Ce qui, à l'époque, n'était pas rien. Nous sommes en août 1949, et le voyage aller s'effectue en quadrimoteur au-dessus de l'Atlantique, à faible altitude, avec des escales successives à Londres, Lisbonne, Dakar, Natal, Rio, Montevideo et une arrivée enfin à Buenos Aires. Évidemment, le retour en France, en septembre, impose le même parcours.

Pierre Lacroix

Au menu (outre les steaks argentins monstrueux et les tournées au bar), dix matchs, tous gagnés contre diverses sélections et la découverte de ces Pumas qui arborent bizarrement pour emblème un jaguar, et qui offrent une résistance inattendue : l'équipe de France ne s'impose à eux que 5-0 puis 12-3. On prétendait alors qu'« un rugbyman argentin, c'est un Italien qui parle espagnol et rêve d'être anglais »... Cela a-t-il vraiment changé ? En tout cas, les Bleus franchissent pour la première fois l'équateur, à l'initiative de René Crabos et Adolphe Jauréguy, responsables du voyage. Et reviennent au même endroit en 1954 (victoires 22-8 et 30-3), pour ce qu'André Boniface qualifiera de « tournée des furoncles », conséquence d'une consommation outrancière de viande rouge. Puis en juillet-août 1960, pour deux nouveaux succès 37-3 et 12-3.

Jean-Pierre Rives
Nouvelle-Zélande
1979

Entretemps, le XV de France a découvert, en juillet-août 1958, un autre continent et le bonheur d'affronter chez elle une nation de l'International Rugby Board. Une joie d'emblée relative puisque, parti du Bourget en direction de l'Afrique du Sud, l'avion à hélices affrété par les hôtes est contraint de se poser en catastrophe à Kano, Nigeria, où la troupe a deux jours durant tout le temps nécessaire pour réfléchir au sens de la vie. Et à ce qui l'attend : les Springboks, sur leur sol, sont invaincus depuis le siècle précédent sur une série de test-matchs. Leurs seuls échecs datent alors de 1891 et 1896 face aux Lions britanniques...
Dix matchs au programme. Dès le deuxième, contre le Transvaal du Nord, le bilan est éloquent : nuit en observation pour Danos, fracture du poignet pour Echave, luxation de la clavicule pour Lacaze, double entorse de la cheville pour Mias. Celaya et Lepatey avaient précédemment été blessés contre la Rhodésie, et Casaux s'était déjà fracturé le bras à l'entraînement. L'Afrique du Sud de l'époque n'était pas peuplée que de poètes. Michel Vannier, genou broyé pour deux ans, s'ajoute à la liste des blessés,

mais le premier test, au Cap, se termine le 26 juillet par un 3-3 inespéré.
La revanche, après quatre nouveaux matchs de « préparation », ne permet d'aligner que quinze (presque) valides, le 16 août à l'Ellis Park de Johannesburg. Il n'empêche que, mené 5-3 à la mi-temps, le XV de France s'impose 9-5 au bénéfice de deux drops de Lacaze et Martine. Un authentique exploit, terme pour le coup souvent galvaudé aujourd'hui. Cette tournée historique et glorieuse demeure la mère de toutes les autres.

Tournée en Nouvelle-Zélande 1979

À la visite à ces Blancs un peu trop blancs de l'époque de l'apartheid succède celle à des Blacks tout en noir. L'attitude – jusque-là quelque peu condescendante – des grandes nations de rugby a changé. Les Bleus viennent de surcroît d'aligner trois victoires consécutives dans le Tournoi, et en obtiendront même une quatrième en 1962. C'est une constellation de talents offensifs : Pierre Lacroix, les frères Boniface, les frères Cambérabéro, Albaladejo, Piqué, Bouquet, Dupuy, Rancoule, Vannier, Lacaze, Meynard... Mais pour exploiter les ballons, encore faut-il les conquérir ; les trois tests se soldent par trois défaites : 13-6, 5-3 et 32-3...
Il faudra attendre le 14 juillet 1979 pour que le XV de France, celui du capitaine Jean-Pierre Rives, s'impose (24-19 à l'Eden Park d'Auckland) pour la première fois face aux Néo-Zélandais sur leur sol. Les Australiens avaient cédé bien plus tôt, en 1961 (victoire 15-8 le 26 août au Cricket Ground de Sydney). Et quinze ans de plus pour qu'il gagne sa première série contre les Blacks, après ses succès

22-8, le 26 juin 1994 au Lancaster Park de Christchurch, et 23-23, à l'Eden Park le 3 juillet...

Mais déjà, la nature des tournées a changé. Le XV de France est reconnu depuis longtemps désormais comme un adversaire respectable, traité d'égal à égal. Quant au rugby, il est entré dans la modernité. On ne part plus pour deux mois, au mépris de sa carrière professionnelle, affronter des sélections régionales hypermotivées pour préparer les chocs des tests contre la formation nationale.
Le rugby a changé et le monde avec lui. Ce n'est pas forcément plus mal. En 1971, pour leur quatrième visite en Afrique du Sud, les Français comptent parmi eux Roger Bourgarel, trois-quarts aile de talent d'ascendance antillaise. Il est le sixième joueur de couleur sélectionné dans le XV de France, mais le premier rugbyman de couleur à évoluer sur un terrain du pays de l'apartheid. Sa présence a été imposée par le président de la FFR, Albert Ferrasse, et finalement acceptée par celui de la fédération sud-africaine, Danie Craven. Bourgarel suscite une émotion colossale en fréquentant les hôtels, les lieux publics « *white only* ». Il déjeune même avec toute l'équipe au parlement sud-africain.

Tournée en Afrique du Sud 1971

Bourgarel participe au premier test (perdu 22-9) comme au deuxième, celui de la légendaire bagarre et soldé par un match nul 8-8. Il est agressé par l'arrière Bok, est secouru par Claude Dourthe avant que Benoît Dauga ne ramène le calme. Autres temps, autres mœurs.

Jean-Pierre Rives (au centre)
encadré de Robert Paparemborde
et Jacques Fourroux avec le ballon

Angleterre-France 1977

DES VICTOIRES D'EXCEPTION (1969-1979)

Le Grand Chelem 1977, avec les quinze mêmes joueurs et sans encaisser un essai, et la première victoire en Nouvelle-Zélande le 14 juillet 1979 restent à jamais parmi les plus grands exploits des Bleus.

En une décennie, de 1959 à 1968, le XV de France a remporté à six reprises le Tournoi des Cinq Nations (1959, 1960 avec l'Angleterre, 1961, 1962, 1967, 1968) et notamment cinq fois seul, ce qui ne lui était jamais arrivé auparavant. Pas plus qu'il n'avait jusque-là réalisé le Grand Chelem comme il l'a fait en 1968, en alignant tout au long de la compétition pas moins de vingt-sept joueurs différents. C'est dire la richesse de ses effectifs. Il a toutefois présenté des bilans négatifs face à deux monstres de l'hémisphère Sud.

Walter Sanghero

La chute est terrible dès 1969, lorsqu'il termine dernier du Tournoi, n'échappant à la cuiller de bois des quatre défaites que par la grâce d'un miraculeux match nul (8-8) face aux Gallois, vainqueurs de l'épreuve. Du 5 mai 1968 au 14 décembre 1969, l'équipe de France va connaître onze matchs sans la moindre victoire. Un plan d'urgence est déclaré : Michel Celaya, Fernand Cazenave et Toto Desclaux sont promus hommes de terrain.

Jean-Claude Skrella
1977

La décision semble efficace puisque l'équipe, revigorée après sa sévère gueule de bois post-Grand Chelem, réapparaît en pleine lumière en 1970 en partageant la victoire avec les Gallois. Elle inflige même un cinglant 35-13 aux Anglais, alors son plus large succès face à une nation majeure du rugby. La période sera marquée par la rivalité entre Français et Gallois, même si les références se troublent soudain.

En 1972, le Tournoi ne va pas à son terme, victime du violent conflit nord-irlandais. Gallois et Écossais refusent de se rendre en Irlande où ils se sentent menacés. L'hymne britannique, le *God Save the Queen*, ne sera d'ailleurs plus entonné à la présentation des équipes jusqu'en 1997, ni la

Marseillaise, par souci d'équité. De même, l'hymne irlandais ne retentira plus dans les stades étrangers. Seuls huit matchs sur dix sont donc disputés. Il est dès lors illusoire de bâtir un classement. Cela arrange bien les Français, qui comptaient une seule victoire en quatre matchs. Mais quelle victoire : un 37-12 à Colombes punit les Anglais encore plus sévèrement que deux ans plus tôt.

En 1973, tout le monde gagne et tout le monde perd. Le XV de France a quitté le stade de Colombes pour le Parc des Princes où il disputera désormais ses rencontres. Il y gagne deux fois, face à l'Écosse (16-13) et contre le pays de Galles (12-3). Mais il perd en revanche à l'occasion de ses deux déplacements, en Angleterre (14-6) et en Irlande (6-4). Deux victoires, deux défaites, c'est le même bilan comptable que ses quatre adversaires, qui terminent donc tous ex aequo à la première ou à la dernière place suivant que l'on a décidé de voir le verre à moitié plein ou à moitié vide. Dès lors, comment établir une hiérarchie lorsqu'il n'y a plus de classement ou qu'il est loufoque ?

Jacques Fouroux
1977

C'est vers le Sud qu'il faut probablement regarder : constater le match nul glorieux (8-8) ramené de Durban face aux Springboks, les victoires sur l'Australie à Colombes en 1971 (18-9) ou mieux encore à Brisbane (16-15) en 1972, ou le succès sur les All Blacks (13-6) au Parc des Princes en 1973.

Les Français sont toujours au niveau, autour d'un indispensable Walter Spanghero.
Deux exploits majeurs vont marquer la fin de cette période en même temps que célébrer l'arrivée des Bertranne, Skrela, Astre, Aguirre, Fouroux, Rives, Paparemborde, Gallion, Dintrans... En 1977, le XV de France renouvelle sa performance inédite de 1968 en s'offrant un second Grand Chelem. Même si l'essai est passé à quatre points depuis quelques années, les scores ne sont pas ébouriffants et les Gallois termineront d'ailleurs meilleure attaque de la compétition. Au Parc des Princes, le 5 février, c'est le pays de Galles qui cède 16-9 ; à Twickenham, deux semaines plus tard, l'Angleterre à l'issue d'un combat féroce 4-3 ; à nouveau au Parc, l'Écosse 23-3 ; avant le bouquet final, en Irlande 15-6.

Jean-Michel Aguirre 1971

Un rapide calcul permet de remarquer que les Français n'ont encaissé que vingt et un points en quatre rencontres. Un examen plus détaillé montre qu'ils ont gardé leur en-but inviolé quatre matchs durant. Trois cent vingt minutes, soit près de cinq heures et demie de jeu, sans prendre le moindre essai ! L'exploit est inédit. De surcroît, le discret Toto Desclaux n'a procédé à aucun changement, ni au cours des rencontres, ni entre elles. Ce sont les mêmes quinze joueurs, dont ces lignes avant phénoménales, qui ont bâti ce Grand Chelem.

Philippe Dintrans
et Daniel Dubroca
1986

C'est aussi une première, et jusqu'alors unique, dans le Tournoi.
À la commande, un Petit Caporal, au caractère bien trempé, Jacques Fouroux, qui prône un rugby basé sur la puissance et l'efficacité. Il claque la porte en fin d'année, en expliquant à Élie Peybere devant tous les autres joueurs : « *Je sais que vous voulez me virer de l'équipe, je ne vous donnerai pas ce plaisir. Je m'en vais avant que vous me mettiez dehors.* »

Il ne sera donc pas de l'autre performance exceptionnelle qui marque la fin de cette période, en 1979. C'est Jérôme Gallion qui officie à la mêlée dans une équipe rafistolée pour le plus improbable des exploits des Bleus. Une semaine après sa nette défaite 23-9 à Christchurch, le XV de France inscrit quatre essais aux All Blacks à l'Eden Park d'Auckland pour remporter sa première victoire (24-19) sur le sol néo-zélandais. C'est un 14 juillet et plus qu'une fête nationale. Le capitaine Jean-Pierre Rives, peu disert, dira dans les vestiaires : « *On les a battus partout. Au rugby et à la fierté.* »

14 juillet 1979, Eden Park, Auckland (N-Z)
NOUVELLE-ZÉLANDE – FRANCE, 19-24 (7-11)
Arbitre : J. West (Irlande)

Points :
France – 4 essais : Averous, Caussade, Codorniou, Gallion ; 1 transformation, 1 drop : Caussade ; 1 but : Aguirre.

Nouvelle-Zélande : 2 essais : Mourie, S. Wilson ; 1 transformation ; 3 buts : B. Wilson.

France : J.-M. Aguirre – F. Costes, P. Mesny, D. Codorniou, J.-L. Averous – (o) A. Caussade, (m) J. Gallion – P. Salas, J.-L. Joinel, J.P. Rives (cap) – A. Maleig, F. Haget – D. Dubroca, P. Dintrans, R. Paparemborde.

Nouvelle-Zélande : B. Wilson – S. Wilson, B. Robertson, B. Watts – J. Jaffray, M. Taylor, (m) M. Donaldson – G. Seear, G. Mourie (cap), L. Rutledge – F. Oliver, A. Haden – G. Knight, A. Dalton, B. Johnstone.

Jacques Fouroux
1987

À L'ASSAUT DU MONDE

(1980-1990)

Albert Ferrasse
et David Kirk 1987

Six succès dont deux Grands Chelems en onze ans dans le Tournoi assoient la suprématie européenne du XV de France. Qui tutoie le succès lors de la première Coupe du monde. Âge d'or.

L'événement majeur de cette décennie est évidemment la tenue de la première Coupe du monde. L'idée de la création d'un tel événement a été soufflée par le président de la FFR, Albert Ferrasse, à l'International Rugby Board auquel il appartient depuis 1978, dans la foulée des excellents résultats du XV de France. Mais c'est aux Australiens que revient le mérite de faire une proposition officielle en 1983, proposition appuyée par la Nouvelle-Zélande un an plus tard.

France-Australie, 1987

Depuis toujours, les Britanniques freinent des deux pieds, redoutant que les moyens financiers et les mises en disponibilité nécessaires à l'organisation et à la participation à une telle compétition ne finissent par faire définitivement disparaître l'amateurisme qu'ils ont toujours prôné. Ils n'ont d'ailleurs pas tort, puisque le rugby deviendra professionnel dès 1995, huit ans après la naissance de la compétition. Du bout des lèvres, ils cèdent néanmoins et une réunion à Paris en mars 1985 entérine la création de cette Coupe du monde, dont l'organisation est confiée conjointement à la Nouvelle-Zélande et à l'Australie.

Serge Blanco 1987

Reste une inconnue : le public suivra-t-il, notamment dans un hémisphère Sud pas du tout habitué à la notion de tournoi ? Lorsque la cérémonie d'ouverture se déroule, le 22 mai 1987 à l'Eden Park d'Auckland, on continue d'en douter : seuls 18 000 spectateurs assistent à l'événement, d'une sobriété et d'un dépouillement extrêmes. L'incertitude sur l'avenir de l'épreuve est d'ailleurs tellement présente qu'aucune date n'a été encore fixée pour sa deuxième édition... Mais place au sport : seize équipes ont été invitées – et non qualifiées –, alors que deux ont décliné l'offre. L'Afrique du Sud, d'abord boudée pour sa politique d'apartheid, a finalement reçu son carton, mais s'est abstenue d'y répondre positivement. Quant à l'URSS, elle refuse pour raison politique, à savoir le maintien de l'Afrique du Sud au sein de l'IRB...

Pour le XV de France, la compétition est l'occasion de démontrer au monde entier sa suprématie sur le continent européen et donc sur tout l'hémisphère Nord, sachant que le Japon, les États-Unis et le Canada, également présents, ne sont d'évidence pas des candidats crédibles à celle-ci. Cela ne débute pas de la meilleure des manières, puisque les Bleus n'obtiennent, le 23 mai au Lancaster Park de Christchurch (Nouvelle-Zélande) qu'un match nul (20-20) face aux Écossais. Ils marquent néanmoins trois essais, contre deux à leurs adversaires du jour, ce qui leur permettra d'occuper la première place de la poule D, lorsque les deux nations auront expédié les affaires courantes en étripant la Roumanie et le Zimbabwe. Les scores respectifs des Tricolores (55-12 et 70-12) démontrent la difficulté toute relative de la tâche.

Nouvelle-Zélande-France 1987

Celui du quart de finale face aux Fidji est également très net : 36-21 et, surtout, quatre essais à un, même si d'évidence les Fidjiens ont décontenancé les Français par leur mobilité et leur dextérité balle en main. La suite déclenchera plus de superlatifs et de lyrisme. Le 13 juin, au Concord Oval de Sydney, le XV de France s'impose en demi-finale face à l'Australie au terme d'une rencontre qualifiée alors de « *match des matchs* ». Un monument.

« *À tout le moins, on peut affirmer que jamais l'équipe de France n'a réussi semblable performance sur tous les fronts réunis du moral, de la force, du rythme, de la méthode et de la galanterie* », écrit Denis Lalanne dans *L'Équipe*. Au-delà de la débauche d'énergie, de la créativité, de l'engagement et du talent déployés par les deux équipes, le scénario de cette rencontre au sommet de l'excellence participe à sa réussite. Il ne reste que cinq minutes à jouer lorsque Didier Cambérabéro, imperturbable, passe la pénalité qui permet à son équipe de recoller au score (24-24), avant que Serge Blanco n'inscrive un essai au bout de lui-même pour lui donner la victoire (30-24). Les statistiques indiquent la 85e minute. C'est dire si le verdict du terrain a attendu le bout du bout...

Jean-Pierre Garuet
et Daniel Dubroca
1987

Voilà donc le XV de France en finale, contraint de défier les All Blacks dans leur stade de l'Eden Park d'Auckland. Il n'y aura pas de miracle en ce 20 juin. Les Néo-Zélandais étouffent les Français (29-9) pour remporter la première Coupe du monde. C'est dommage, mais cela s'inscrit dans le sens de l'Histoire du rugby, comme dans la logique des résultats de la période : en onze ans, huit défaites des Bleus leur seront infligées par les Blacks qui ne perdront que deux confrontations, en 1986. Et il est tout aussi logique que les joueurs et leur capitaine Daniel Dubroca aient pu prouver à l'occasion de la compétition qu'ils étaient bien, et de loin, les meilleurs représentants de l'hémisphère Nord.

Comment aurait-il pu en être autrement ? Cette défaite face aux Blacks est la première depuis un an. Et sur l'ensemble de la période, leur suprématie est manifeste sur le Vieux Continent. En onze ans, de 1980 à 1990, ils ont remporté à six reprises le Tournoi des Cinq Nations : en 1981, 1983 (avec l'Irlande), 1986 (avec l'Écosse), 1987, 1988 (avec le pays de Galles) et 1989. À l'exception d'une saison 1982 décevante, les Bleus ont toujours terminé à l'une des deux premières places entre 1981 et 1989, soit la période où Jacques Fouroux cumule – c'est une première – les fonctions de sélectionneur et d'entraîneur. Accessoirement, il est même manager et vice-président de la Fédération...

Pierre Berbizier
1987

Sur cette même période, le XV de France a même réalisé autant de Grands Chelems que pendant toute son histoire précédente. En 1981, c'est notamment grâce à une victoire arrachée 19-15 face aux Gallois à Paris et une autre 16-12 à Twickenham – face à des Anglais qui avaient eux-mêmes remporté le Grand

Chelem l'année précédente – qu'ils réalisent le score parfait. Dix-neuf joueurs y contribuent sur l'ensemble de la compétition, dont Robert Paparemborde, Roland Bertranne, Guy Laporte et le capitaine Jean-Pierre Rives, qui y gagne le surnom de « Casque d'or ».
En 1987, il a été remplacé dans la fonction par Daniel Dubroca. Un essai de 80 m de Philippe Sella à Twickenham (19-15), trois (record égalé) d'Éric Bonneval face à l'Écosse (28-22), après une victoire initiale (16-9) face aux Gallois, permettent d'aller chercher le Grand Chelem à Lansdowne Road (19-13). Inarrêtables.

Nouvelle-Zélande-France 1987

Pauline Bourdon

XV AU FÉMININ

Gaelle Hermet

Un XV de France d'un autre genre (féminin) fait briller le rugby tricolore à travers le monde. Avant l'édition 2022, les féminines étaient déjà montées sur le podium de la Coupe du monde.

Comme son homologue masculin, le XV de France féminin dispute un Tournoi des Six Nations annuel et une Coupe du monde tous les quatre ans. Il y ajoute même les Women's Rugby Super Series réunissant les meilleures équipes du monde. Comme lui, il est reconnu pour sa qualité et ses résultats et figure généralement sur le podium du classement mondial. Comme lui, champion olympique en 1900, il a même conquis son premier titre avant son premier match officiel. C'était en 1988, et la discipline – ce rugby d'un autre genre – était alors gérée par Henri Fléchon, président de l'Association française de rugby féminin (AFRF) et son équipe dirigeante.

Jessy Trémoulière

Six ans auparavant, déjà, un premier match avait opposé la France et les Pays-Bas à Utrecht et vu la victoire des Bleues. Elles avaient pris soin de coudre elles-mêmes un écusson sur leurs maillots, offerts par la Fédération française de rugby, bienveillante. Mais en 1988, c'est une « Coupe d'Europe » qui se déroule à Bourg-en-Bresse, mettant aux prises Françaises, Néerlandaises, Britanniques et Italiennes. Ce tournoi à quatre – qui constitue la première compétition internationale féminine – est remporté par la France qui bat en finale la Grande-Bretagne (19-6) mais n'est pas encore officiel. Il ne deviendra qu'en 1995 le Trophée européen féminin opposant les équipes membres de la FIRA.

Entretemps, les féminines ont été intégrées à la FFR en juillet 1989 et le dernier comité directeur de l'AFRF est parvenu à convaincre la Fédération française de rugby d'engager une équipe de France à la première Coupe du monde, qui va se dérouler à Cardiff en 1991 et qui se soldera par la victoire en finale des États-Unis sur l'Angleterre (19-6). Le XV de France est encadré par l'une des pionnières du rugby féminin moderne, Wanda Noury, en qualité de manager, et de Marie-Céline Bernard et Jean-Pierre Puidebois en tant qu'entraîneurs : elle termine à la troisième place, ex aequo avec la Nouvelle-Zélande, après son élimination en demi-finale face aux Anglaises 13-0. La performance est de taille et sera renouvelée en cinq occasions, sur les sept Coupes du monde suivantes, alors que le niveau de la discipline, somme toute récente, ne cesse de progresser. C'est dire la constance dans l'excellence de cette équipe.

France-Nouvelle-Zélande 2021

Le regard des amateurs de rugby a bien changé. Les femmes n'ont aujourd'hui plus besoin de se justifier de pratiquer la discipline, ni d'endurer les moqueries,

comme aux temps héroïques. Le XV de France a sa propre histoire, son identité à part entière. Son propre jeu et ses propres résultats que personne n'irait désormais comparer à ceux de son homologue masculin. En soi, c'est déjà une victoire.
Sa qualité est démontrée également chaque année à l'occasion du Tournoi des Cinq Nations, créé en 1999 et élargi à Six Nations en 2002. La première victoire des Bleues n'a été attendue que trois ans, en 2002 justement, et a été assortie d'un Grand Chelem. Comme ce sera le cas en 2004, en 2005 et un peu plus tard, en 2014. Une défaite face au pays de Galles en 2016 empêche un nouveau Grand Chelem (mais pas la victoire finale), avant de reprendre les bonnes habitudes en 2018.

Les Blacks Ferns

Cette année demeure historique. Quatre Françaises figurent parmi les cinq désignées par World Rugby pour le titre de joueuse de l'année : Pauline Bourdon, Gaëlle Hermet, Safi N'Diaye et Jessy Trémoulière, qui remportera la distinction. Le mois précédent, il est vrai, à l'occasion du deuxième test de la Tournée d'Automne, le XV de France s'est imposé pour la première fois face aux Néo-Zélandaises (30-27), le 17 novembre au stade des Alpes de Grenoble. Les Black Ferns sont alors championnes du monde en titre. Tout comme elles le seront toujours, lorsqu'elles connaîtront à nouveau la défaite – et à deux reprises cette fois –, lors de leur visite en 2021 : elles s'inclinent

38-13 le 13 novembre au stade du Hameau de Pau, puis une semaine plus tard 29-7 au stade Pierre-Fabre de Castres. Deux exploits majuscules.

Caroline Drouin
2021

Tournoi des Six Nations
Vainqueur en 2002, 2004, 2005, 2014, 2016 et 2018 (cinq Grands Chelems, 2016 excepté)

Trophée européen féminin
Vainqueur en 1988, 1996, 1999, 2000 et 2004

Women's Rugby Super Series
Troisième en 2016 et 2019

Parcours en Coupe du monde

1991,	au pays de Galles	3e
1994,	en Écosse	3e
1998,	aux Pays-Bas	8e
2002,	en Espagne	3e
2006,	au Canada	3e
2010,	en Angleterre	4e
2014,	en France	3e
2017,	en Irlande	3e
2022,	en Nouvelle-Zélande	

Serge Blanco 1982

CHANGEMENTS EN SÉRIE

(1991-1999)

Le XV de France trouve sa place dans un rugby en plein bouleversement, aussi bien sur le plan mondial que national. Deux Grands Chelems et une finale de Coupe du monde en témoignent.

En 1973 déjà, l'International Rugby Board avait officiellement rehaussé la valeur de l'essai de trois à quatre points, après deux ans d'expérience dans l'hémisphère Nord. Près de vingt ans plus tard, en avril 1992, elle passe à cinq afin de favoriser la prise de risque dans le jeu et de récompenser comme il se doit les initiatives offensives. C'est bien dommage pour Serge Blanco, qui fait ses adieux au Tournoi puis à l'équipe de France à l'issue de la Coupe du monde 1991. Le total de 233 points en Bleu que lui attribuent les statisticiens se monterait à 271 avec trente-huit essais à cinq points...

Dominique Harize
1977

Le « Pelé du rugby », 93 sélections dans le XV de France, s'en va juste avant que d'autres règles ne soient instaurées pour fluidifier le jeu : les matchs se gagnent désormais à vingt-deux, les remplacements temporaires sont institués, les ascenseurs en touche autorisés et le jeu au sol beaucoup plus surveillé. Le rugby fait sa mue, et la plus importante des innovations est le passage au professionnalisme décidé en août 1995. Ceci expliquant peut-être cela. Une authentique révolution. Serge Blanco n'aura rien connu de tout cela sous le maillot bleu.

France-Zimbabwé 1987

L'éternel président de la Fédération française de rugby n'y aura pas plus goûté. Après vingt-trois ans de règne souvent sans partage, Albert Ferrasse laisse la place en décembre 1991. Alors premier Français président de l'International Rugby Board (depuis 1979), c'est lui qui avait remis la Webb Ellis Cup au capitaine néo-zélandais David Kirk à l'issue de la première Coupe du monde en 1987. Jacques Fouroux ayant démissionné de tous ses postes en août 1990, après une défaite contre la Roumanie survenue le 24 mai dans sa ville natale d'Auch, c'est tout le paysage du rugby français qui change. Son décor aussi, puisqu'à partir de 1998, c'est au Stade de France qu'évolue désormais principalement le XV de France.

Autour du terrain, tout s'agite également. Après une période d'intérim assurée par Daniel Dubroca au poste d'entraîneur des Bleus, en décembre 1991, un autre international et ancien capitaine se trouve en charge de la fonction. Pierre Berbizier n'a alors que trente-trois ans, et est épaulé par Christian Mombet, ancien entraîneur du Racing Club de France. Dès l'année suivante, il est contesté et un comité de sélection est créé en novembre autour de Guy Laporte. Berbizier démissionnera en septembre 1995, et un troisième entraîneur en quatre ans – c'est beaucoup pour assurer une certaine continuité – est nommé. Il s'agit de l'ancien troisième ligne Jean-Claude Skrela, aidé dans sa tâche par son complice toulousain Pierre Villepreux. Les deux hommes iront jusqu'au bout de leur mission, après la Coupe du monde 1999.

Guy Laporte et
Pierre Berbizier
1995

Côté terrain, les Anglais ont pris le pas sur les Tricolores et remportent six Tournois dans les années 1990, dont trois en réalisant un Grand Chelem. Ils atteignent même la finale de la Coupe du monde 1991, disputée pour la première fois en Europe (défaite 12-3 face aux Australiens). Une compétition dont ils ont éliminé les Français en quart de finale (19-10), de surcroît à Paris. Nos Français, justement ? Malgré des hauts et des bas, ils ne sont pas absents du tableau d'honneur. En 1993, ils sont les premiers à recevoir le nouveau trophée remis désormais au vainqueur du Tournoi. Et enchaînent avec une série de tests victorieuse (20-20, 18-17) en Afrique du Sud.

L'année suivante, ils réussissent une tournée impériale en Nouvelle-Zélande où ils s'imposent 22-8 au Lancaster Park de Christchurch le 28 juin – pour la centième sélection de Philippe Sella –, avant de récidiver une semaine plus tard 23-20 à l'Eden Park d'Auckland, grâce à un essai inscrit par Jean-Luc Sadourny à quelques secondes de la fin de la rencontre. C'est la première fois que le XV de France remporte une série contre les Blacks, alors que, quelques mois auparavant, il n'avait pris qu'une modeste troisième place dans le Tournoi...

Jo Maso et Pierre Villepreux 1997

La Coupe du monde 1995 vaudra en revanche son pesant de frustration compte tenu de la manière, très controversée, dont les Français doivent s'incliner

(19-15) en demi-finale face au pays hôte, l'Afrique du Sud, revenue dans le concert international. La victoire (19-9) face aux Anglais dans le match pour la troisième place ne compte certes pas pour du beurre, mais elle ajoute aux regrets éternels des Tricolores.

Battre nos « meilleurs ennemis » est toujours un plaisir non dissimulé. Et la fin de cette période va le renouveler à deux reprises, sous l'ère Skrela. Dans le Tournoi 1997, la superbe victoire à Twickenham (23-20, après avoir été mené 20-6) est d'autant plus saluée qu'elle vient après la correction infligée aux Irlandais (32-15) sur leur terrain de Lansdowne Road et le succès probant face aux Gallois (27-22) à Paris. Il ne reste plus qu'à mater les Écossais au Parc des Princes pour réaliser un nouveau Grand Chelem. C'est chose faite, et bien faite : le capitaine Abdel Benazzi, héros malheureux de la finale de Durban, savoure ce jour-là l'orgie de jeu offensif de son équipe, qui s'impose sur le score sans appel de 47 à 20.

Philippe Sella

La saison suivante commence par un drame : pour leur dernier match au Parc des Princes, le 22 novembre 1997, les Bleus reçoivent la leçon des Sud-Africains, encaissent sept essais et s'inclinent 52-10... La claque est sévère, mais le Tournoi va permettre de prouver qu'il ne s'agit sans doute que d'un accident. C'est Raphaël Ibañez, pour la première fois titulaire et capitaine dans la compétition, qui va chercher le trophée du vainqueur et célébrer le deuxième Grand Chelem consécutif – c'est inédit pour les Bleus – après l'hallucinante victoire 51-0 sur les Gallois à Wembley !

CHANGEMENTS EN SÉRIE

Les entraîneurs Skrela et Villepreux terminent leur mandat par une fantastique Coupe du monde 1999 où, de nouveau, le XV de France parvient en finale. Comme en 1987 face à l'Australie, c'est en demi-finale qu'ils réalisent leur plus gros exploit, avant de s'étioler en finale (contre l'Australie justement, 35-12). Après quatre victoires aisées contre le Canada (33-20), la Namibie (47-13) et les Fidji (28-19) en poule puis contre l'Argentine (47-26) en quart, ils éliminent les Néo-Zélandais (43-31) en inscrivant notamment 26 points en un quart d'heure. Deux Grands Chelems, et une finale de Coupe du monde en trois saisons : Skrela et Villepreux peuvent tirer leur révérence.

Jean-Luc Sadourny
Galles-France 1998

Jacques Fouroux

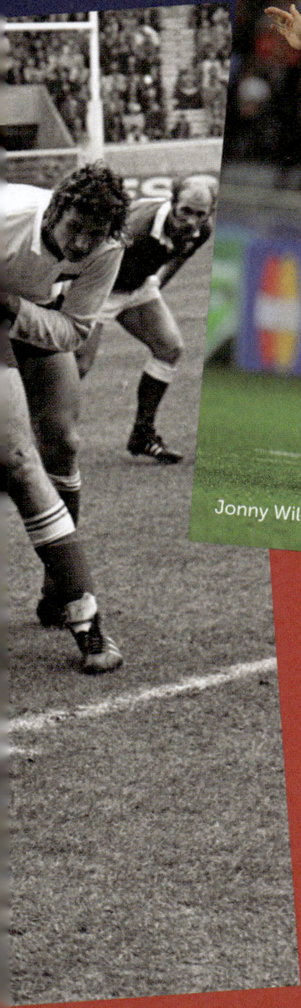

Jonny Wilkinson 2011

NOS MEILLEURS ENNEMIS (2000-2007)

Tombeurs du XV de France lors des Coupes du monde 2003 et 2007, les Anglais gâchent quelque peu la fête espérée. Mais deux Grands Chelems, notamment, prouvent que les Bleus restent au sommet.

Il pleut sur Sydney en ce 16 novembre 2003. Et ce sont tous les espoirs français qui tombent à l'eau. Ceux de ballons passant de mains en mains, de combinaisons ambitieuses, de jeu déployé, de chevauchées exaltantes, comme le XV de France sait si bien le faire. C'est un temps de Tournoi des Six Nations, un temps de Toussaint, à une date qui pourrait bien y coïncider d'ailleurs, si ce n'était celle ici de l'été austral. Il devrait faire beau, sec, pour cette rencontre si importante de la Coupe du monde 2003. On repense à 1995 et l'on se demande pourquoi il faut systématiquement qu'il

Jacques Brunel et Julien Bonnaire 2019

pleuve lors des demi-finales disputées par les Bleus dans l'hémisphère Sud...

Il pleut sur Sydney, et cela ne fait pas les affaires du capitaine Fabien Galthié, élu meilleur joueur du monde en 2002 et qui termine en Australie sa carrière, mais celles des Anglais et de la botte exceptionnelle de leur ouvreur Jonny Wilkinson. Force pure contre vitesse impossible, jeu au près contre jeu au large irréalisable. Une monolithique équipe d'Angleterre enterre méthodiquement les ambitions tricolores pour s'imposer 24-7 à l'issue d'un match glacial. La finale pour la troisième place opposera donc les Français aux Blacks, le match dont on rêvait pour l'attribution du titre. La magie est passée, et les Néo-Zélandais s'imposent facilement 40-13. Dans la vraie finale, les Anglais triomphent des Australiens, après prolongation, sur un drop de Wilkinson (20-17).

Jo Maso 2012

Quatre ans plus tard, le 20 octobre 2007, il ne pleut pas sur Saint-Denis. Mais le XV de France se heurte de nouveau au froid réalisme de l'Angleterre, donc tenante du titre, et de son ouvreur au pied magique. Menés jusqu'à la 74e minute, nos meilleurs ennemis s'en sont sortis grâce à une pénalité et un drop de Wilkinson dans les dernières minutes de cette nouvelle demi-finale. Le rêve s'éteint alors même que la magnifique victoire contre les

Néo-Zélandais (20-19) en quart de finale à Cardiff, une semaine plus tôt, avait semblé lui faire prendre forme. L'équipe de France ne sera pas championne du monde à l'occasion de la Coupe du monde qu'elle organise : c'est l'Afrique du Sud qui viendra cueillir son deuxième sacre (15-6). Elle ne pourra même pas se consoler d'une place sur le podium qu'elle laisse à l'Argentine qui la bat (34-10), pour la deuxième fois de la compétition, lors du match pour la troisième place.

Par deux fois, à l'occasion de deux Coupes du monde successives, et au même stade des demi-finales, la solidité des Anglais a privé le XV de France de la consécration qu'il méritait peut-être bien. Tout avait été pourtant bien organisé, côté tricolore. Au sortir de la Coupe du monde 1999, Bernard Laporte avait

Frederic Michalak
2015

été nommé successeur de Jean-Claude Skrela au poste d'entraîneur-sélectionneur des Bleus. Autour de lui, deux adjoints – Jacques Brunel (entraîneur des avants) et Bernard Viviès – ainsi qu'un manager du XV de France, Jo Maso. Leur mission commune n'était pas tant de gérer l'immédiat que de préparer au mieux l'équipe pour la Coupe du monde 2007 en France. Composer avec le présent comme avec le futur.

Bâtir est le mot-clé. La construction est lente, méticuleuse, et s'articule autour de jeunes talents tels que Frédéric Michalak ou Yannick Jauzion. On ne néglige pas le XXe siècle, qui se termine d'ailleurs sur une épatante victoire face aux Blacks, dans un stade Vélodrome de Marseille en folie : 42-33, on y a vu du jeu, et du beau. Mais on prépare le XXIe. Le démarrage est délicat : les Français prennent 43 points au Stade de France face aux Gallois (43-35) et 48 à Twickenham contre les Anglais (48-19). Les deux succès face à l'Écosse et l'Italie ne leur suffisent pas à éviter une cinquième place peu en regard avec leurs capacités.

Yannick Jauzion

Mais ils se ressaisissent, et de très belle manière, en allant battre en juin les Sud-Africains (32-23) à Johannesburg avec une jeune équipe composée de bric et de broc à peine descendue de l'avion avant de les mater à Paris (20-10) en novembre. Dans la foulée, l'Australie s'incline également (14-13)

Angleterre-France
2005

à Marseille. La confiance est revenue et se concrétise lorsqu'ils obtiennent victoire et Grand Chelem – le septième des Français – dès l'année suivante. C'est même le premier réalisé par une équipe dans ce qui est devenu le Tournoi des Six Nations, depuis l'entrée de l'Italie. Les succès au pays de Galles (37-33), face à l'Angleterre (20-15), comme la démonstration finale face à l'Irlande (44-5) avec cinq essais à la clé, sont autant de satisfactions au présent que de promesses d'avenir.

À peine revenu de sa déconvenue de la Coupe du monde 2003, le XV de France réalise un nouveau Grand Chelem en 2004, en battant très opportunément – et par temps sec – les Anglais (24-21) lors de son dernier match, le 27 mars à Paris. La blessure semble déjà cicatrisée, et battre les champions du monde en est la preuve éclatante.

La Tournée d'Automne sera plus contrastée avec une belle victoire initiale (27-14) face à l'Australie – que le capitaine Fabien Pelous savoure après sept défaites face à elle – mais une déconvenue contre l'Argentine (24-14) et une punition infligée par les Blacks (45-6)...

Fabien Pelous 2007

Tout n'est pas parfait, évidemment. Dans les Tournois 2006 et 2007, l'équipe de France cède respectivement contre l'Écosse (20-16) à Murrayfield et l'Angleterre (26-18) à Twickenham. Mais le XV de France avance dans la bonne direction, comme en témoignent finalement ses deux nouveaux succès dans l'épreuve, avec quatre victoires à la clé en chaque occasion. On ne peut pas réaliser un Grand Chelem tout le temps.

Seule ombre (noire) au tableau : les neuf rencontres sans victoire face à la Nouvelle-Zélande, dont les deux dernières en juin 2007 sur les scores édifiants de 42-11 et 61-10, en préparation à la Coupe du monde où, bien opportunément, les Bleus mettront brillamment fin à la série. Leur dernier succès face aux Blacks remontait au siècle dernier...

Christian Darrouy 1966

Jean-Pierre Rives

LES CAPITAINES

Près d'une centaine de joueurs ont exercé la responsabilité de capitaine du XV de France. Et ils eurent presque autant de manières de l'assumer, en fonction de leurs personnalités.

Il y en eut des sceptiques. Comme l'ailier Christian Darrouy, au tempérament vaguement contemplatif et solitaire, désigné leader lors du Tournoi 1967 : « *Comme je ne suis pas modeste, je n'ai pas été insensible à l'honneur qui m'était fait. D'ailleurs, je crois que personne ne peut l'être... Mais le double paradoxe, c'est que je n'aimais pas la vie de groupe, et que je ne croyais pas au rôle de capitaine. Dans le Tournoi, chacun sait où il va. Sauf si vous avez dix couillons et qu'il faut leur donner du son pour faire l'âne...* »

Marcel Communeau

Ou comme Jean-Pierre Rives après lui, qui considère que la légende est plus belle que la réalité : « *Ce sont mes coéquipiers qui ont réussi l'essentiel. Pour moi. De mon côté, je n'ai jamais rien fait de particulier. J'ai toujours dit qu'en équipe de France, il y avait quinze capitaines. Quand l'arbitre s'avançait vers moi pour me demander si oui ou non nous allions tenter la pénalité, j'étais bien embarrassé. Heureusement, il y avait toujours le buteur pour crier* "J'arrive" *ou* "Je n'y vais pas", *selon la distance et la position.* » Le même « Casque d'or » eut pourtant les mots qu'il fallait pour insuffler un esprit de revanche à « ses » joueurs, en juillet 1979 après qu'ils eurent subi une première défaite (23-9) face à des Blacks à la limite de la condescendance. La première victoire historique du XV de France en Nouvelle-Zélande, le 14 juillet de cette année-là à Auckland (24-19), y trouve ses racines. « *N'importe qui d'autre aurait pu dire ou faire ce qu'on a bien voulu me prêter* », estime pourtant cet indécrottable modeste.

Il y en eut, en revanche, de beaucoup plus directifs. Surtout à une époque, pas si lointaine, où les joueurs restaient sur le terrain quelques minutes à la mi-temps et où nul entraîneur ne pouvait ni les recadrer ni donner des consignes dans les vestiaires. Lorsque Marcel Communeau, capitaine lors de la première victoire de l'histoire du XV de France, contre l'Écosse en 1911, expliquait que « *le jeu que nous pratiquons me semble vieux* », que « *chaque ligne s'en tient à sa fonction, les avants restent groupés et se contentent de fournir les ballons aux lignes arrière, ce n'est pas satisfaisant* », c'était bien d'un discours d'entraîneur qu'il s'agissait. Pas celui d'un joueur lambda.

Antoine Dupont
2022

Avec Antoine Dupont nommé en remplacement de Charles Ollivon, blessé, à l'occasion de la Tournée d'Automne de novembre 2021, quatre-vingt-seize joueurs se sont succédé comme capitaines de l'équipe de France depuis Henri Amand en 1906. Tous différents. Il y eut des bavards et des taiseux ; des discrets et des directifs ; des avants, surtout, mais aussi des demis et des arrières ; de fins psychologues et d'autoritaires meneurs d'hommes ; des porte-parole et des silencieux.

Chacun a tenté d'inventer un rôle à sa mesure. Certains ont misé sur leur exemplarité, d'autres sur leurs consignes technico-tactiques ou sur leurs discours de leader. Il n'y a pas de vérité immuable : chaque capitaine a composé avec l'homme qu'il était.

L'un d'eux au moins en a souffert. Ironiquement, Abdelatif Benazzi a été nommé capitaine à une époque où son père Mohammed, marocain, de l'autre côté de la Méditerranée, éprouvait bien des difficultés pour obtenir un visa lui permettant de venir voir jouer son fils... La suite ? « *Ce capitanat me pesait. Je me suis trop investi à titre personnel. J'y ai mis de l'affectif et des choses inutiles. J'en faisais trop, et mal.* » Car l'engagement personnel ne se limite évidemment pas au terrain, ni au traditionnel « galop du capitaine » la veille du match ou au discours du banquet d'après-match. Pas plus au sourire de rigueur lors des interviews, ni désormais aux tâches de représentation auprès des partenaires commerciaux de l'équipe. Être capitaine, c'est bien plus. C'est par exemple réunir les joueurs lorsque tout va mal ou quand l'enjeu est important, comme le fit Eugène Ribère en 1930 regroupant ses coéquipiers du pack à Quillan, au mépris total des règles d'alors de l'International Board. Ou, plus simplement, comme Philippe Saint-André invitant « ses » joueurs dans un pub, la veille au soir d'un match en Écosse : « *Les gars, la pression, au lieu de*

Abdelatif Benazzi
2001

l'avoir sur la tête, on l'aura dans l'estomac ! » leur lance-t-il. Pourquoi pas, si ça marche…

Philippe Saint André
1995

« *J'ai toujours pensé qu'en tant qu'international, j'étais porteur d'un message de dignité, et je me suis donné corps et âme pour le faire passer,* expliquait Jean Prat, « Monsieur Rugby ». *En tant que capitaine, ma mission était simple : insuffler un esprit collectif, de la discipline et donner de l'air au ballon. Car voilà bien l'attrait du rugby : le plaisir des yeux et des mains.* »

LE TOP 10 DES CAPITAINES

Thierry Dusautoir (troisième ligne) 56 capitanats (pour 80 sélections, de 2006 à 2015), **Fabien Pelous** (deuxième ligne) 42 (118, de 1995 à 2007), **Raphaël Ibañez** (talonneur) 41 (98, de 1996 à 2007), **Jean-Pierre Rives** (troisième ligne) 34 (59, de 1975 à 1984), **Philippe Saint-André** (trois-quarts) 34 (69, de 1990 à 1997), **Guilhem Guirado** (talonneur) 33 (74, de 2008 à 2019), **Daniel Dubroca** (pilier et talonneur) 25 (33, de 1979 à 1988), **Fabien Galthié** (demi de mêlée) 25 (64, de 1991 à 2003), **Guy Basquet** (troisième ligne) 24 (33, de 1945 à 1952), **Michel Crauste** (troisième ligne) 22 (62, de 1957 à 1966)

Bernard Laporte 2005

Marc Lievremeont 2011

UN GOÛT D'INACHEVÉ

(2008-2011)

En 2011, un an après avoir réalisé son neuvième Grand Chelem, le XV de France tutoie le sommet en ne s'inclinant que d'un petit point lors de la finale de la Coupe du monde face aux Blacks.

La finale de la Coupe du monde 2009 vient juste de s'achever sur la courte, très courte défaite française face aux All Blacks, sur leur terrain de l'Eden Park à Auckland. Un point, juste un petit point a séparé les deux équipes : un essai chacun, une transformation bleue contre une pénalité néo-zélandaise de l'autre. Thierry Dusautoir, pour ses vingt et un plaquages, son essai inscrit à la 47e minute et son activité incessante, vient d'être nommé « homme du match », comme il sera désigné meilleur joueur du monde en fin d'année...

Émile Ntamack
2000

Ce XV de France vient en gros de réussir là où ses prédécesseurs finalistes de 1987 et 1999 avaient échoué : exister en finale. À défaut d'y être parvenu, d'avoir donné l'impression – pas si illusoire – qu'il est capable de gagner et de remporter la Coupe du monde. Malgré un arbitrage de surcroît parfois « surprenant ». Et, déjà, le débat s'ouvre : le bilan de Marc Lièvremont est-il bon ? Comme si le XV de France avait réalisé cette performance non pas grâce à lui, non pas avec lui, mais malgré lui.

Aurélien Rougerie et Jean Philippe Hager 2010

Le parcours des Tricolores dans cette Coupe du monde est, il est vrai, étonnant. Pour ne pas dire chaotique. Le 10 septembre, ils dominent largement les Japonais (47-21) mais encaissent tout de même deux essais. Le 18, ils peinent contre le Canada avant de s'envoler en deuxième période (46-19). Le 24, c'était attendu, ils tombent face aux Néo-Zélandais, mais plus lourdement que prévu (37-17). Enfin, le 1er octobre, ils chutent à la surprise générale face aux Tonga (19-14). Avec deux défaites pour deux victoires, les deux équipes ne sont départagées pour la deuxième place de la poule que par les points de bonus. On a connu qualification pour les quarts de finale plus brillante. Elle est portée au débit de l'entraîneur.

La victoire en quart de finale face aux Anglais (19-12), notre bête noire des Coupes du monde, n'est en revanche pas portée à son crédit. En cause, la remontée relative des Anglais, menés 16-0 à la mi-temps. Le succès en demi-finale face aux Gallois ne convainc pas d'avantage : les adversaires ont dû jouer à quatorze pendant plus d'une heure, à la suite de l'expulsion de Sam Warburton. À écouter les détracteurs, le XV de France s'est retrouvé en finale en tant que lauréat d'un simple concours de circonstances. C'est bien mal payé pour leur débauche d'énergie. Et bien ingrat pour leur entraîneur.

Gonzalo Quesada

Pour succéder au très médiatique Bernard Laporte, devenu secrétaire d'État chargé des Sports dans le gouvernement de François Fillon, c'est un ancien international qui avait été choisi, le 24 octobre 2007. Marc Lièvremont s'entoure alors d'Émile Ntamack pour les arrières et de Didier Retière pour les avants. Deux incontestables bonnes pioches. Peu à peu le staff va s'étoffer. Il est renouvelé en bonne partie dans le domaine médical – Jean-Philippe Hager, Jean-Michel Grand et Michel Riff en deviennent respectivement médecin, kinésithérapeute et ostéopathe – et complété par un préparateur physique, Jean-Luc Arnaud, un chef de délégation, Jean Dunyach, et, en mai 2008, un spécialiste du jeu au pied, Gonzalo Quesada, et un responsable des *skills* (technique individuelle), Thierry Janeczek, entraîneur de l'équipe de France de rugby à 7. Dès lors, comment attribuer au seul Lièvremont le moindre des succès ?

L'entraîneur a un « projet de jeu », mais il semble que celui-ci soit difficilement lisible par les joueurs auxquels il s'adresse. Tâtonnements. En 2008, après deux victoires en Écosse et face à l'Irlande, le XV de France s'incline face à l'Angleterre au Stade de France, puis à Cardiff. Il ne termine qu'à la troisième place du Tournoi 2008 et enchaîne sur une périlleuse Tournée d'Été en Australie, privé des participants aux demi-finales du Championnat de France. Deux défaites-sanctions (34-13 et 40-10) l'y attendent. Supériorité australienne confirmée pendant la Tournée d'Automne. Les victoires précédentes face aux Argentins et aux Pacific Islanders ne rassurent pas.

Didier Retière

Pas plus que la nouvelle troisième place obtenue dans le Tournoi 2009. Le projet de jeu reste en son état, et les certitudes manquent. En juin, toutefois, le XV de France remporte pour la première fois le Trophée Gallaher à l'issue de sa tournée océanienne. Vainqueur du premier test à Dunedin sur le score de 27 à 22 – sa première victoire en Nouvelle-Zélande depuis 1994 –, il ne cède que 14-10 à l'occasion du second la semaine suivante à Wellington, gagnant ainsi la série. Mais les Bleus perdent ensuite contre l'Australie à Sydney et les Blacks remporteront la belle (39-12) lors de la Tournée d'Automne. À l'occasion de celle-ci, les Français s'offrent un joli succès de prestige en s'imposant 20-13 contre les champions du monde sud-africains.

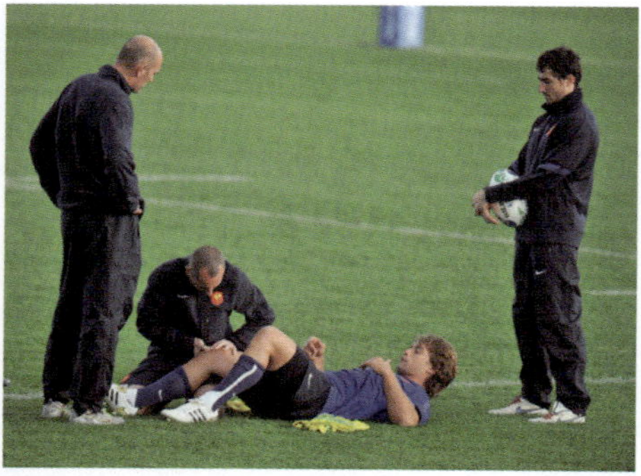

Michel Riff au chevet de Dimitri Szarzewski 2011

Ainsi va le XV de France de Marc Lièvremont, avec un parcours fait de hauts et de bas, de « Oh ! » et débats. Le neuvième Grand Chelem de l'histoire du rugby français n'est pas anecdotique. Il se déroule en 2010 et restera pendant douze ans la marque de référence pour les Tricolores. Après quatre victoires en Écosse (18-9), face à l'Irlande (33-10), au pays de Galles (26-20) et contre l'Italie (46-20), l'équipe se fait une joie de dévorer le Crunch pour battre les Anglais 12-10 au Stade de France.

UN GOÛT D'INACHEVÉ

Elle ne savoure pas longtemps la friandise : la tournée suivante est désastreuse avec deux humiliations. En Afrique du Sud d'abord (42-17), en Argentine ensuite (41-13). Deux claques qui en appellent une troisième, le 27 novembre suivant au Stade de France. Alors que la France et l'Australie sont à égalité à la mi-temps (13-13), les Wallabies jusque-là largement dominés à la mêlée se mettent à jouer quasiment exclusivement à la main. Quinze attaques grand champ en quarante minutes, et un score qui enfle. Il se figera sur une victoire australienne à 59-16 et, pour les Bleus, la plus lourde défaite de son histoire à domicile.

Même si l'équipe perd dans la foulée son titre dans le Tournoi des Six Nations (2e quand même, malgré une défaite en Italie), et grâce à la Coupe du monde, Marc Lièvremont quitte son poste en laissant son XV de France à la troisième place du classement mondial. Pas si mal.

Jean-Luc Arnaud
2011

Fabien Galthié

Jean Prat

LES SÉLECTIONNEURS

Si l'entraîneur du XV de France choisit désormais les joueurs qui composent son équipe, cela n'a pas toujours été le cas. Et le débat a longtemps été enflammé entre bâtisseurs et coupeurs de têtes.

Fernand Cazenave
1971

Dans les salles ou aux comptoirs des bars, ils sont nombreux, semble-t-il. Cinquante à soixante millions au bas mot qui, un verre à la main ou dans le nez, expliquent avec délectation qu'ils auraient mis X ou Y à tel poste du XV de France, privilégié l'entente naturelle de la charnière X-Y de leur club de cœur ou la complémentarité supposée de deux joueurs qui en fait se détestent cordialement... Si le rugby se joue à quinze pendant quatre-vingts minutes, le jeu de la sélection de l'équipe idéale peut durer des mois et concerner des millions d'(ir)responsables. Pour leur malheur, il n'y en a véritablement qu'un par période. Ou que quelques-uns regroupés dans un comité, seul souverain en matière de construction de l'équipe de France.

Au gré des époques, la fonction a évolué et, sur la durée, le terme de sélectionneur national recoupe des réalités bien différentes. Fabien Galthié, qui a pris ses fonctions au lendemain du quart de finale de la Coupe du monde 2019 – après avoir occupé le temps de cette compétition le poste d'entraîneur adjoint auprès de Jacques Brunel –, ne se contente pas de choisir les joueurs : il est aussi leur entraîneur en chef. Homme de terrain plus encore qu'homme de bureau. Ancien demi de mêlée de l'équipe de France, triple vainqueur du Tournoi des Six Nations (1997, 1998, 2002), il a participé à quatre Coupes du monde et fut notamment finaliste en 1999 et demi-finaliste (3e) en 1995. « *Il nous apporte toute son expérience du haut niveau, toute son expertise*, explique Romain Ntamack. *Il est très pointilleux sur beaucoup de choses dont la plupart des joueurs n'avaient jamais entendu parler avant. Il nous apporte sa patte d'expert et il le fait très bien.* » Ses résultats convaincants avec le XV de France ont justifié la prolongation de son contrat, initialement signé jusqu'en 2023 mais prolongé jusqu'en 2027. Il serait sacrément réducteur de considérer que son rôle se limite à celui de sélectionneur.

Jean Desclaux

Historiquement, le poste a longtemps été occupé par un dirigeant. Ou plutôt un comité de dirigeants, tant les déplacements étaient compliqués pour aller superviser les joueurs. Et les relations entre joueurs et sélectionneurs, régulièrement assez tendues. Dans les premières années du XV de France, le reglement disposait que les sélectionnés n'étaient pas autorisés à s'entraîner ensemble la semaine précédant les matchs internationaux. Histoire de garantir leur « amateurisme ». Un « homme de terrain » n'était donc d'aucune utilité, et c'était au capitaine que revenait la tâche d'organiser le jeu de l'équipe.

En 1921, le prestigieux demi de mêlée Philippe Struxiano, capitaine des Bleus, démissionne à quelques jours d'un match contre l'Angleterre et s'en explique dans une lettre rendue publique dans la presse d'alors. Elle fait beaucoup de bruit compte tenu de l'aura de Struxiano. Outre les relations employeurs-employés régnant entre dirigeants et joueurs, il fustige le pouvoir excessif des sélectionneurs, et revendique d'avoir son mot à dire quant à la désignation de ses coéquipiers. Il ne sera pas entendu.

Daniel Dubroca et Serge Blanco 1991

Mais, dès lors, le débat sera, sinon exposé en permanence, du moins sous-jacent et relancé bruyamment à intervalles réguliers : le reproche fait aux sélectionneurs successifs tiendra rarement aux joueurs qu'ils choisissent mais beaucoup plus régulièrement à ceux qu'ils éliminent. En clair, ils apparaissent plus volontiers comme des coupeurs de têtes qui dépassent que comme des bâtisseurs d'équipe et des promoteurs du jeu.

D'un match à l'autre, l'effectif du XV de France est modifié en effet en fonction d'une performance sur une rencontre, voire d'un seul geste raté. On condamne beaucoup plus qu'on encourage. Dans les années 1930, Jules Cadenat tente bien, lui, de faire confiance sur la durée à des joueurs qu'il sélectionne régulièrement. Mais il arrive à la fonction à la pire des

périodes : celle où le rugby français se voit banni par les Britanniques. L'expérience est donc forcément de courte durée.
Après-guerre, la même logique réapparaît et le trio Adolphe Jauréguy-René Crabos-André Verger, sous la direction de Roger Lerou, démontre la difficulté d'adopter une ligne unique : Jauréguy ne rêve que d'un pack véloce et y impose des joueurs venus de l'athlétisme ; Crabos, lui, prêche pour la rapidité d'intervention, mais chez les trois-quarts. La mayonnaise ne prend pas. André Verger aura néanmoins le grand mérite de convaincre les Britanniques d'accepter la présence de Jean Dauger – passé par le XIII – dans le XV de France. Juste pour l'honneur, puisque le joueur, âgé de 33 ans, ne disputera qu'un seul et unique match du Tournoi.

Guy Noves

La dualité constructeur-destructeur connaît son point d'orgue lorsqu'en septembre 1963, Jean Prat est intronisé à la fois sélectionneur et entraîneur. L'époque voit André Herrero, Walter Spanghero, Benoît Dauga, Michel Crauste André Boniface, Jean Gachassin ou Christian Darrouy être régulièrement alignés. Mais une simple interception galloise, sur une passe de Jean Gachassin en direction d'André Boniface, vaut la condamnation irrémédiable des frères Boniface. Le XV de France jouait ce jour-là la première place du Tournoi 1966, et s'était finalement incliné 9-8... Jean Prat, écœuré, quitte le navire.

Que dire de la suite ? Sous les coups de barre à droite puis à gauche du nouveau comité de sélection, pas moins de 184 changements se succèderont dans le XV de France, de 1967 à 1972... Comment bâtir une équipe sans aligner ne serait-ce que deux fois de suite les quinze mêmes joueurs ? Summum de ces dysfonctionnements, la composition de l'équipe de France pour le match du Tournoi 1980 en Écosse : initialement annoncée par Élie Pebeyre, elle provoque la colère du président de la FFR, Albert Ferrasse, qui lui intime l'ordre de revoir sa copie. C'est finalement une autre équipe, remaniée, qui partira à Murrayfield. Dix ans plus tard, le même président Ferrasse donnera les pleins pouvoirs à Jacques Fouroux, qui exerce alors les fonctions de manager, homme de terrain, entraîneur et sélectionneur unique du XV de France. Il se retrouve même vice-président de la FFR. Sans aller jusqu'à ces excès de responsabilités, ses successeurs auront dès lors souvent les mains libres. Cela ne les empêchera pas de connaître des résultats contrastés, mais au moins leurs choix répondront-ils à une logique de terrain.

Patrice Lagisquet
2015

Yannick Bru 2017

LES ENTRAÎNEURS DU XV de France

Jean Prat	1963-1967
Fernand Cazenave	1968-1972
Jean Desclaux	1973-1980
Jacques Fouroux	1981-1990
Daniel Dubroca	1990-1991
Pierre Berbizier	1991-1995
Jean-Claude Skrela	1995-1999
Bernard Laporte	1999-2007
Marc Lièvremont	2007-2011
Philippe Saint-André	2011-2015
Guy Novès	2015-2017
Jacques Brunel	2018-2019
Fabien Galthié	2019-X

France-Samoa 2012

Match amical France-Samoa 2012

LE GÉANT ENDORMI

(2012-2019)

En huit ans, trois sélectionneurs se succèdent à la tête du XV de France sans parvenir à réveiller le géant qui dort en lui. Déconvenues et défaites historiques marquent cette (trop) longue période.

En mars 2022, au lendemain du Grand Chelem réalisé par le XV de France dans le Tournoi des Six Nations, Fabien Galthié se permettait un petit bilan, correspondant point par point à l'opinion générale : « *On sent qu'on a vraiment du potentiel. Nous étions un géant endormi, nous sommes redevenus un géant du rugby mondial, mais nous pouvons encore faire plus.* » Ce sommeil a duré huit ans ou presque. C'est long. Au lendemain de la Coupe du monde 2011, l'équipe de France sort auréolée d'une finale perdue d'un petit point, compte dans ses rangs le meilleur joueur du monde, Thierry Dusautoir, et pointe à la troisième place du classement mondial. Bientôt, elle va cependant devenir une formation de seconde zone, plonger dans la hiérarchie définie par World Rugby, renouer avec des places indignes dans le Tournoi et même enregistrer ses premières défaites « historiques » face à des nations qui n'en demandaient pas tant.

Australie-France 2014

Le 22 août 2011, Philippe Saint-André est choisi pour remplacer, avec Patrice Lagisquet et Yannick Bru, le trio Lièvremont-Ntamack-Retière, dans l'encadrement technique. Cette décision n'est ni spécialement audacieuse, ni franchement déplacée : Saint-André est un ancien joueur et même capitaine de l'équipe de France, son amour du maillot n'est pas contestable et il semble offrir quelques

Tournée en
Nouvelle-Zélande

garanties. Le premier Tournoi auquel il participe en tant qu'entraîneur allume pourtant les premiers voyants orange, sans que l'on puisse affirmer clairement qu'il en est le responsable. Ou que les joueurs le sont.
Deux victoires, certes face à l'Italie (30-12) et en Écosse (23-17), encadrant un nul à Saint-Denis (17-17), face à l'Irlande. La suite est moins réjouissante avec deux défaites d'affilée face à l'Angleterre (24-22) au Stade de France et au pays de Galles (16-9). Le XV de France, deuxième de la Coupe du monde, n'est déjà plus que quatrième du Tournoi. La Tournée d'Été ne rassure pas avec un « accident » face aux Pumas argentins – vainqueurs 23-20 après avoir été menés toute la rencontre – qui n'alignaient pourtant que de jeunes joueurs : les titulaires habituels se préparaient au Rugby Championship. La revanche donne certes aux Bleus l'occasion d'améliorer leur record de points et d'écart avec les Argentins (49-10), mais elle n'efface pas totalement les doutes.

Les résultats vont ainsi s'enchaîner avec des hauts et des bas souvent incompréhensibles. La Tournée d'Automne 2012 est plutôt réussie avec un net succès (33-6) face à l'Australie, que les Français n'avaient plus battue depuis 2005, puis face à l'Argentine une semaine plus tard (39 à 22), avant de peiner mais de triompher face aux Samoa (22-14). Rassurés ? Le Tournoi 2013 prouve que non. Le XV de France termine dernier (une seule victoire, la dernière journée, face à l'Écosse), ce qui ne lui était pas arrivé depuis 1982. Irrégulier sur l'ensemble de la rencontre, il a même chuté d'entrée (23-18), le 3 février au stade olympique de Rome, face à l'Italie visiblement plus

Romain Ntamack
2022

motivée. Comment trouver la confiance après une telle déconvenue ?

D'autres défaites suivront : parfois « encourageantes », souvent terriblement inquiétantes, comme celle contre l'Australie (50-23, sept essais encaissés) lors de la Tournée d'Été 2014. La Coupe du monde 2015 arrive. Après avoir battu l'Italie (30-12), la Roumanie (38-11) et le Canada (41-18), les Français s'inclinent face à l'Irlande (9-24) et se trouvent contraints d'affronter les All Blacks en match éliminatoire. Les planètes semblent alignées, puisque la France (deuxième de son groupe, comme en 2007) rencontre la Nouvelle-Zélande (première du sien, comme en 2007) en quart de finale, comme en 2007 ; dans le Millennium Stadium de Cardiff, comme en 2007. On rêve d'exploit, comme en 2007. Ce sera un cauchemar.

À la mi-temps, les Blacks ont déjà marqué quatre essais et mènent 29-13. En seconde période, ils en ajoutent cinq, sans que les Bleus (exceptionnellement en rouge), impuissants et presque inertes, ne ripostent même par un simple coup de pied. Score final : 62-13. Cela demeure la plus lourde défaite pour les Français en Coupe du monde, et la pire de l'histoire des matchs à élimination directe de la compétition.

Le remplacement programmé de Philippe Saint-André par Guy Novès n'effacera pas le traumatisme. Le technicien toulousain au palmarès hallucinant (quatre Coupes d'Europe, dix titres de champion) ne parvient pas à imposer son projet de jeu ambitieux et affiche un bilan de sept victoires, un nul et treize défaites, à l'occasion des vingt et un matchs à la tête du XV de France avant son limogeage, le 27 décembre

2017. La tournée du mois de juin précédent en Afrique du Sud a pesé lourd : trois lourdes défaites (14-37, 15-37 et 12-35) contre l'autre « géant endormi » de l'époque qui, pour le coup, se réveillera plutôt gaillard. Le match nul (23-23) concédé au Japon – une première – en France, lors du dernier test de novembre, également.

Jacques Brunel succède à Guy Novès, secondé par Sébastien Bruno pour les avants, Jean-Baptiste Elissalde pour les arrières et Julien Bonnaire pour la touche. Mais le géant dort toujours. En deux saisons, le XV de France termine deux fois à la quatrième place du Tournoi, alignant quatre victoires en dix matchs, dont deux contre l'Italie. Lors des test-matchs des tournées, seul un succès face à l'Argentine interrompt une litanie de défaites contre la Nouvelle-Zélande (trois fois), l'Afrique du Sud et même les Tonga. Au total, l'ère Brunel se soldera par dix victoires pour treize défaites… et un rang autour de la 10e place au classement mondial.

La Coupe du monde 2019, qui clôt cette période, est toutefois encourageante. Certes, le XV de France s'y incline en quart de finale contre le pays de Galles, mais d'un petit point seulement (20-19), en ayant joué à quatorze lors de la dernière demi-heure. Auparavant, il avait signé trois succès face à l'Argentine, les États-Unis et les Tonga. La dernière rencontre de la poule, prévue face à l'Angleterre, est annulée à l'approche du typhon Hagibis. Mais, surtout, de nombreux jeunes joueurs comme Antoine Dupont, Romain Ntamack, Damian Penaud, Demba Bamba ou Grégory Alldritt ont impressionné le monde de rugby. Une manière de prendre date pour le futur.

Damian Penaud
2022

Richard Dourthe

Claude Dourthe

DYNASTIES

Père et fils, ou frères, ils ont été nombreux à porter le maillot du XV de France ensemble ou à travers les époques. De Jean et Maurice Prat à Émile et Romain Ntamack, la tradition se perpétue.

Lorsque l'ouvreur Laurent Bidart joue pour la première fois sous le maillot de l'équipe de France, le 28 mars 1953 à Colombes face au pays de Galles, il ne peut pas savoir que son futur gendre connaîtra les mêmes honneurs de la sélection. Et pour cause : Jean-Pierre Elissalde, futur demi de mêlée des Bleus, ne naîtra que neuf mois plus tard... Et encore moins que son petit-fils Jean-Baptiste réalisera la synthèse du vécu familial en occupant les postes de demi de mêlée et d'ouverture du XV de France dans les années 2000. Ainsi va le rugby, sport de valeurs, de respect du passé et de la tradition, y compris familiale.

Olivier Magne 2016

Laurent Bidart ne connaîtra qu'une seule sélection. Jean-Pierre Elissalde fera mieux, avec cinq capes et notamment une participation à la tournée en Afrique du Sud de 1980. Jean-Baptiste en a collectionné trente-cinq, de 2000 à 2008, dont trois en tant que capitaine, remportant notamment deux Tournois des Six nations en 2004 (Grand Chelem) et 2006. Il sera même nommé par la suite entraîneur des arrières de l'équipe de France.

« *Tout ce que je réalise aujourd'hui, je l'ai appris,* confiait-il dans les années 2000. *Tout petit déjà, mon père me faisait taper du gauche dans le jardin. Il m'a donné le goût du travail, de la recherche de la perfection.* » Quant à son grand-père, il ne cessait de lui répéter que le rugby se joue avec le cœur.

« *Franchement, je pensais que c'était un truc de vieux con. [...] Mais le cœur, c'est l'émotion. Et le rugby, s'il est vécu intensément, c'est de l'émotion pure.* » Plus que de gènes prédisposant à l'excellence, il s'agit là d'un héritage bien géré et ayant même fructifié.

En est-il autrement pour Richard Dourthe, fils de Claude ? Les deux hommes ont en commun un tempérament de guerrier, à la limite de la... limite. Claude, le papa, n'a pas encore 19 ans quand il participe à la tournée en Afrique du Sud en 1967. Du premier test, où les plus gaillards des avants se sont fait broyer par leurs adversaires, seuls deux hommes se sont battus jusqu'au bout de leurs forces : les plus légers, Marcel Puget et Dourthe. Mais dans le vestiaire, ce dernier, exténué, tombe évanoui... Quatre ans plus tard, au même endroit, il provoquera l'une des plus grosses bagarres de l'histoire du rugby international contre ces mêmes Springboks.

Marc Cecillon 1995

Le fiston ? Même feu dans les jambes, dans le corps et dans le cœur. Papa avait totalisé trente-cinq sélections ; il s'en tiendra à trente et une, mais en démontrant les mêmes qualités tant techniques que physiques et d'engagement. Il sera notamment aligné au centre lors de la demi-finale victorieuse contre les Blacks en 1999. Il y marquera un essai. Le rugby, une affaire de famille ? Les deux sœurs de Richard, Sandra et Marion, épouseront Raphaël Ibañez et Olivier Magne...

C'est en 1970 que le fils d'un international d'après-guerre porte pour la première fois le même maillot que papa. Il s'agit de Michel Pebeyre, qui connaîtra sept sélections de 1970 à 1973, fils d'Élie, huit de 1945 à 1947. Depuis, le phénomène de la transmission héréditaire du maillot bleu ne s'est pas arrêté : Alexandre Dumoulin est le fils biologique de Marc Cécillon ; Arthur Bonneval, international à 7 (2016), le rejeton d'Éric, international à XV (1984-1988) ; Arthur Retière (2020), celui de Didier, ancien DTN et entraîneur adjoint du XV de France ; Damian Penaud, trois-quarts aujourd'hui omniprésent, celui d'Alain, demi d'ouverture aux trente-deux sélections de 1992 à 2000.

Jean-Marie, Walter et Laurent Spanghero 2007

Chez les Ntamack, on a fait le chemin inverse : Émile a aligné quarante-six matchs dans la ligne des trois-quarts (ou à l'arrière) de l'équipe de France de 1994 à 2000, alors que son fils Romain est devenu incontournable à l'ouverture. Quand il ne se retrouve pas au centre : on est polyvalent, dans la famille. Et unique : les deux hommes constituent le seul duo père-fils à avoir remporté – à distance – la Coupe d'Europe. En attendant peut-être que Théo, frère de Romain, ne vienne enrichir la collection de maillots bleus.

Les fratries ne sont pas rares non plus dans l'histoire du XV de France. Comme le duo composé de Jean Prat, dit « Monsieur Rugby », en Bleu de 1945 à 1955, et de Maurice (international en 1951-1958). Les Spanghero totalisent, eux, soixante-treize sélections : cinquante et une pour l'immense Walter (1964-1973), vingt-deux pour Claude (1971-1975). Laurent et Jean-Marie, deux autres frères, coéquipiers à Narbonne, n'ont pas, eux, connu l'honneur de devenir internationaux. Walter et Claude se sont retrouvés

sept fois sous le même maillot bleu. C'est beaucoup dans l'absolu. Mais peu si l'on compare leur carrière à celle des Boniface.
En tout, André et Guy disputent seize rencontres ensemble en équipe de France, dans les années soixante. André est la parfaite illustration de ce « rugby champagne » aimé par le public. Guy est surnommé « la Souris » pour sa capacité à se faufiler dans les plus petits espaces. Ils s'entendent si bien que l'un de leurs adversaires explique que « *celui des Boniface qui est le plus dangereux, c'est celui qui n'a pas le ballon* ».

Guy et Lilan Camberabero 2008

À la même époque ou presque, les Cambérabéro constituent un autre duo légendaire. Lilian comptera treize sélections en équipe de France, de 1964 à 1968. Avec son frère, il remportera le tournoi 1967, et surtout 1968, année du premier Grand Chelem français. Demi de mêlée, sa passe très longue facilitait le démarquage de son frère, à l'ouverture. La charnière familiale opéra à neuf reprises chez les Bleus, avec notamment un haut fait d'armes, unique en son genre : le 11 février 1967, à Colombes, ils marquent à eux seuls les vingt points qui permettent au XV de France de battre l'Australie 20-14.
Cerise sur le gâteau tricolore, Guy Cambérabéro détiendra longtemps le record français du nombre de transformations réussies sur un même match (neuf contre l'Italie en 1967). Un record qui ne sera égalé qu'en 1987 (face au Zimbabwe), par Didier Cambérabéro, son fils – et donc le neveu de Lilian – également international (à trente-six reprises). Chez les Cambé, le rugby coule comme la sève des arbres : à la verticale comme à l'horizontale.

Antoine Dupont 2021

France-Nouvelle-Zélande 2021

LA RECONQUÊTE
(2019-2022)

Trois ans après la dernière Coupe du monde et un an avant la prochaine, qui se disputera dans son pays, le XV de France a reconquis le terrain perdu. Il est déjà revenu au sommet et fait rêver.

Ce fut une sorte de fête nationale à peine anticipée. C'était trois jours avant, un 11 juillet, celui de 2022, et le XV de France accédait pour la première fois de son histoire à la première place du classement World Rugby, au bénéfice de sa deuxième victoire (20-15) face au Japon à l'occasion de sa Tournée d'Été. Et, il faut bien l'avouer, un peu aussi grâce aux défaites respectives de la Nouvelle-Zélande contre l'Irlande, et de l'Afrique du Sud devant le pays de Galles, le même week-end. Le deuxième succès irlandais chez les Blacks allait d'ailleurs limiter la durée du règne des rugbymen français au sommet de ce classement mondial à une petite semaine sans qu'on puisse leur reprocher quoi que ce soit.

France-Nouvelle-Zélande 2021

Mais qu'importe. La date du 11 juillet 2022 resterait historique, et concluait de manière éclatante la saison d'un XV de France enthousiasmant, une saison ponctuée de dix succès en autant de rencontres. Premier ou deuxième, qu'importe, du moment que ce classement témoigne de l'excellence de l'équipe…

La chronologie est parfois trompeuse, qui fait débuter cette série par le premier des matchs de la Tournée d'Automne précédente, et une victoire pas totalement convaincante contre l'Argentine, le 6 novembre 2021 au Stade de France : il fallut au XV de France attendre la seconde mi-temps pour asseoir – grâce à deux essais – définitivement sa suprématie (29-20). Le second test, une semaine plus tard face à la Géorgie, n'apporta finalement pas d'autres enseignements que la capacité des Bleus à inscrire six essais face à une nation d'envergure modeste. Score final : 45-16.
Tout commença donc par la fin. La troisième et dernière rencontre, attendue de tous, le 20 novembre au Stade de France, face à des Néo-Zélandais qui

Damian Penaud
2022

n'avaient plus perdu face aux Bleus depuis 2009, chez eux (quinze victoires consécutives) ; ni depuis 2000, en France ; ni depuis 1973, à Paris... Il n'empêche : au contraire du public (pandémie de Covid-19 oblige), le XV de France n'avançait pas masqué, mais à visage découvert et plein d'ambition. À commencer par celle de valider face à la référence ultime du rugby mondial ses progrès constants affichés depuis deux ans.
Après trois minutes à peine, le score est déjà de 7-0 grâce à un essai de Mauvaka transformé par Jaminet. À la 13e, il a gonflé à 14-6 sur un essai de Ntamack. À la 32e, et jusqu'à la mi-temps, un nouvel essai (transformé) de Mauvaka l'établit à 24-6. Rarement le Stade de France n'a exulté de la sorte. Les Blacks se reprennent, inscrivent trois essais, pour revenir à deux

Enzo Reybier 2022

petits points (27-25) à l'heure de jeu. Mais ces Bleus-là semblent ne pas douter et enfoncent le clou : un essai de Penaud (68e), des coups de pied de Jaminet closent la marque : 40-25. C'est la plus large victoire jamais enregistrée contre les Blacks. Elle représente l'aboutissement de deux années de travail, depuis la fin de la dernière Coupe du monde (2019), avec le nouveau staff des Bleus autour du sélectionneur Fabien Galthié.

Pendant deux saisons en effet, le XV de France a montré des signes tangibles de redressement. En 2020, comme en 2021, il a terminé à portée des vainqueurs du Tournoi des Six Nations, battu – rarement – de quelques points. Avec le jeu efficace est également revenue la confiance. Et une nouvelle génération de joueurs, talentueuse, est apparue. En cette année 2021, il n'est que justice que le capitaine de l'équipe de France face aux Néo-Zélandais soit, à titre individuel, sacré meilleur joueur de la planète. À ce palmarès, Antoine Dupont succède, côté français, à Thierry Dusautoir (2011) et… Fabien Galthié (2002). Le demi de mêlée a d'ailleurs, la même année, réalisé le double Coupe d'Europe-Championnat de France avec ses coéquipiers toulousains, si présents eux aussi en équipe de France. Les succès appellent les succès.

France-Angleterre 2022

Une nouvelle ère débute donc à l'occasion de ce dernier match de la Tournée d'Automne 2021. Car ce n'est pas la fin d'un parcours, au contraire. S'il s'agit bien de ce que l'on appelle pompeusement « un match-référence », c'est justement parce qu'il va permettre de faire le plein de confiance, et apporter quelques certitudes, pour l'avenir.

France-Angleterre 2022

Celui-ci se présente sous la forme d'un nouveau Tournoi des Six Nations. Il débute dans le même Stade de France, le 6 février, par une mise en jambes face aux Italiens. Six jours plus tard, on ignore encore que la rencontre avec les Irlandais, également à Saint-Denis, désignera le futur vainqueur du Tournoi : le XV de France s'impose 30-24. Pas d'états d'âme. Nouveau succès en Écosse (36-17), où les Anglais, trois semaines plus tôt, se sont fait piéger. Puis au pays de Galles (13-9) qui s'en remettra si mal qu'il donnera dans la foulée, sur son terrain de Cardiff, sa première victoire à l'Italie depuis 2015 et après une série de trente-six défaites d'affilée.

Le match ultime est croustillant. C'est un « Crunch » et il se dispute en France. D'autres auraient tremblé. On craint la « peur de gagner »... Quatre-vingts minutes, trois essais et deux pénalités, 25 points (contre 13) plus tard, on est pleinement rassuré. Ce XV a les qualités mentales pour aller plus loin encore. En cette soirée du 19 mars 2022, il a déjà réalisé un Grand Chelem, le premier depuis douze ans.

FRANCE – NOUVELLE-ZÉLANDE, 40-25 (24-6)
Arbitre : W. Barnes (Angleterre)

Les points :
France – 4 essais de Mauvaka (3e, 32e), Ntamack (12e) et Penaud (68e) ; 4 transformations et 4 buts (26e, 55e, 64e, 79e) de Jaminet.

Nouvelle-Zélande – 3 essais de J. Barrett (47e), R. Ioane (51e) et A. Savea (59e) ; 2 transformations (52e et 60e) et 2 buts (7e, 10e) de J. Barrett.

France : M. Jaminet – D. Penaud, G. Fickou, J. Danty, G. Villière – (o) R. Ntamack (M. Jalibert, 67e), (m) A. Dupont (cap) (M. Lucu, 76e) – A. Jelonch, G. Alldritt (T. Flament, 60e), F. Cros – P. Willemse (R. Taofifenua, 48e), C. Woki (D. Cretin, 73e) – U. Atonio (D. Bamba, 48e), P. Mauvaka (G. Barlot, 59e), C. Baille (J. Gros, 49e).

Nouvelle-Zélande : J. Barrett – W. Jordan (Havili, 53e), R. Ioane (S. Frizell, 60e), Q. Tupaea, G. Bridge – (o) R. Mo'Unga (D. McKenzie, 71e), (m) A. Smith (B. Weber 60e) – A. Ioane, A. Savea, S. Cane – Whitelock (cap.) (T. Vaa'l, 65e), Retallick – N. Laulala (O. Tu'ungafasi, 48e), D. Coles (S. Taukei'aho, 48e), J. Moody (G. Bower, 48e).

Walter Spanghero 1968

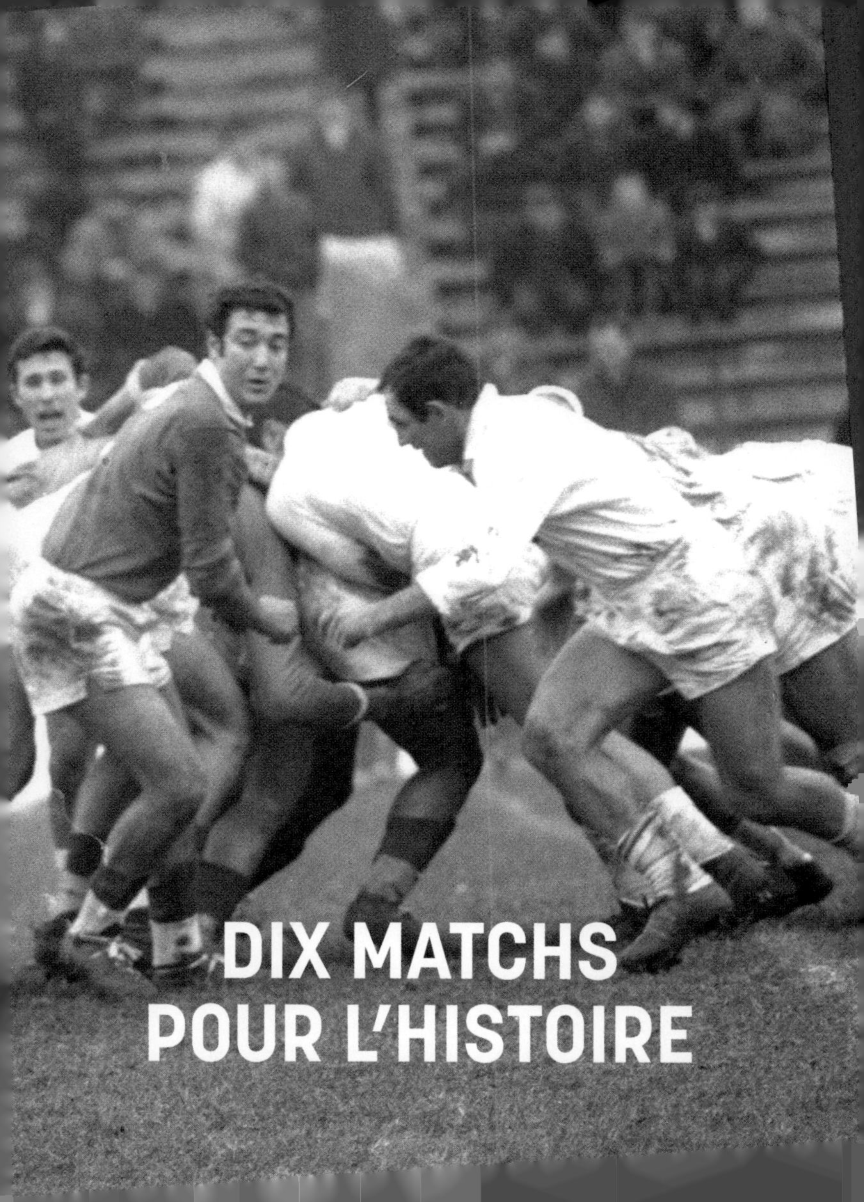

DIX MATCHS POUR L'HISTOIRE

PAYS DE GALLES – FRANCE, 23 mars 1968 : 9-14

Galles-France 1968

Le XV de France s'est imposé à Murrayfield face à l'Écosse (8-6), a triomphé de l'Irlande (16-6) et de l'Angleterre (14-9) à Paris... Rien n'a été facile mais comment pourrait-il en être autrement, alors que sa première victoire – en solitaire – dans le Tournoi des Cinq Nations date de neuf ans seulement (1959), et qu'elle fut précédée par un demi-siècle d'insuccès et parfois même d'humiliations... Ce Tournoi 1968 est de surcroît équilibré puisque le 16-6 infligé aux Irlandais est le plus gros écart des dix matchs de la compétition. Il n'empêche : les Tricolores sont déjà assurés d'y triompher, avant même leur dernière rencontre.

Il pleut, ce 23 mars sur l'Arms Park de Cardiff, que découvrent les trois quarts des joueurs tricolores encerclés par 55 000 spectateurs. Le terrain est détrempé, comme ceux où les sélections des Home Unions sont habituées à s'exprimer. Le vent souffle en faveur des Gallois en première période. Tout est réuni pour qu'ils mènent rapidement 6-0, puis encore 9-3 à la mi-temps. Le score pourrait être bien pire si quelques sauvetages en catastrophe ne l'avaient empêché. Cette équipe de France de Christian Carrère, inexpérimentée, a du caractère.

Un soupçon de chance aussi, lorsqu'à la 53e minute, l'arbitre M. Laidlaw accorde aux avants français – pourtant tous hors-jeu au départ d'un coup de pied de recentrage de Bonal – une mêlée à 10 m, d'où va partir l'essai libérateur de Lilian Cambérabéro. Encore faut-il tenir une petite demi-heure. Mais derrière une mêlée qui avance et un pack qui se bat, tout est possible. Pour preuve, le XV de France s'impose (14-9) sans concéder de points lors de la seconde période et boucle – le moment est historique – son premier Grand Chelem. Pas n'importe où, pas contre n'importe qui : les Gallois deviendront bientôt les terreurs du rugby européen, remportant huit tournois entre 1969 et 1979.

23 mars 1968, Arms Park, Cardiff (GAL), TOURNOI DES CINQ NATIONS

PAYS DE GALLES – FRANCE, CARDIFF, 9-14 (9-3)

Arbitre : H.B. Laidlaw (Écosse)

Galles-France 1968

Les points :
France – 2 essais : Carrère, L. Cambérabéro ; 1 transformation, 1 but, 1 drop : G. Cambérabéro.

Pays de Galles – 1 essai : K. Jones ; 2 buts : Rees.

France : C. Lacaze – J. Bonal, C. Dourthe, J. Maso, A. Campaes – (o) G. Cambéradéro, (m) L. Cambérabéro – M. Greffe, C. Carrère (cap), W. Spanghero – A. Plantefol, E. Cester – J. Noble, M. Yachvili, M. Lasserre.
Pays de Galles : D. Rees – K. Jones, J. Dawes, B. Raybould, M. Richards – (o) B. John, (m) G. Edwards (cap) – J. Taylor, R. Jones, S. Morris – M. Wiltshire, D. Thomas – J. Lloyd, J. Young, J. O'Shea.

ANGLETERRE – FRANCE, 21 mars 1981 : 12-16

Angleterre-France 1981

Il y a eu 1968 et la bande à Carrère, 1977 et celle à Fouroux, réalisant le Grand Chelem sans encaisser le moindre essai et en alignant les mêmes quinze joueurs du début à la fin. Le Tournoi 1981 donne l'occasion à une génération exceptionnelle de réaliser un troisième Grand Chelem : Philippe Dintrans, Robert Paparemborde, Pierre Berbizier, Didier Codorniou, Serge Blanco (à l'aile), Serge Gabernet et leur capitaine emblématique Jean-Pierre Rives...

Au vu des matchs précédant le Tournoi 1981, leur valeur ne saute toutefois pas aux yeux : avant-dernier de l'édition 1980 (sauvé du capot par une victoire d'un petit point face à l'Irlande), écrasé 37-15 en Afrique du Sud et même battu 15-0 en Roumanie, le XV de France inquiète. Guy Basquet remplace Élie Pebeyre en tant que patron du comité de sélection, Jacques Fouroux devient homme de terrain et grâce au soutien total du président de la FFR, Albert Ferrasse, le premier véritable entraîneur-sélectionneur de l'équipe de France.

Deux succès à Paris face à l'Écosse (16-9) et le pays de Galles (19-15), un en Irlande (19-13), et le miracle de la résurrection se profile. Il prend véritablement forme à l'issue de la première mi-temps, devant 62 000 spectateurs, à Twickenham : avec le vent (une véritable soufflerie) pour allié, les Bleus – opportunistes – mènent 16-0 à la pause, avec deux essais de Lacans et Pardo, une transformation et deux drops de Laporte. Rien que des points témoignant

de leur jeu offensif. C'est une leçon de bon rugby à laquelle les Anglais ne pourront répliquer que par quatre pénalités pendant la seconde période, témoignant de leur incapacité à passer la défense des Bleus.
« *C'est dommage que le Tournoi soit fini*, témoigne l'ouvreur Guy Laporte. *Incontestablement, on se sent mieux ensemble. On peut parler d'automatismes. En réalité, c'est le travail qui a payé.* » Et cette victoire qui offre au XV de France un troisième Grand Chelem mérité.

21 mars 1981, Twickenham (ANG), TOURNOI DES CINQ NATIONS

ANGLETERRE – FRANCE, 12-16 (0-16)

Arbitre : A.M. Hosie (Écosse)

Les points :

France – 2 essais : Lacans, Pardo ; 2 drops, 1 transformation : Laporte.

Angleterre – 4 buts : Rose.

Angleterre-France 1981

France : S. Gabernet – S. Blanco, R. Bertranne, D. Codorniou, L. Pardo – (o) G. Laporte, (m) P. Berbizier – P. Lacans, J.-L. Joinel, J.-P. Rives (cap) – J.-F. Imbernon, D. Revailler – R. Paparemborde, P. Dintrans, P. Dospital.

Angleterre : W.M.H. Rose – J. Carleton, C.R. Woodward, P. Dodge, M. Slemen – (o) G.H. Davies, (m) S.J. Smith – D. Cooke, J.P. Scott, N. Jeavons – M. Colclough, W. Beaumont (cap) – P. Blakeway, P. Wheeler, C. Smart.

AUSTRALIE – FRANCE, 13 juin 1987 : 24-30

Australie-France
1987

Et si le « *french flair* » était un mélange d'inspiration géniale, de savoir-faire d'exception, mais pimenté pourquoi pas d'un soupçon de grand n'importe quoi ? Cambérabéro, imperturbable malgré la pression et l'environnement hostile du Concord Oval de Sydney, vient de ramener le XV de France à égalité en demi-finale de la première Coupe du monde. Le score est de 24-24 alors qu'il ne reste que quelques minutes à disputer dans cette rencontre déjà majuscule où France et Australie ont récité leur rugby à la perfection. Mouvements, renversements, prouesses techniques se sont succédé en près de quatre-vingts minutes irrespirables.

Le reste est confus. Génialement improvisé sans calcul ni retenue. Des passes dans tous les sens, Lorieux fonçant sur Campese, Ondarts surgissant pour récupérer le ballon presque perdu, Lagisquet semblant s'envoler, Rodriguez assurant le soutien... Une obstination et un dévouement sans faille de chacun. On croit le mouvement perpétuel : il va finir par s'arrêter lorsque Blanco « met les cannes » et va aplatir au bout du monde mais surtout au bout de lui-même, au bout de la peine et du plaisir de ses coéquipiers. Au bout du match des matchs, tout simplement.

Le XV de France s'impose 30-24 sur ce moment de bravoure et de talent réunis et s'offre sa première finale de Coupe du monde face aux All Blacks. Il l'a bien méritée pour toutes ces qualités déployées, tant physiques, techniques que mentales. C'est la dixième victoire consécutive de l'équipe de Daniel Dubroca, invaincue depuis novembre 1986. Et à cinq reprises, elle a surmonté un écart de neuf à douze points. La défaite en finale face aux Blacks (29-9) à l'Eden Park d'Auckland n'y changera rien. Tous sont unanimes : de Mark Ella à Bill Beaumont en passant par Gerald Davies ou Brian Price, toutes les plus grandes gloires de toutes les nationalités s'extasient après cette demi-finale exceptionnelle : *« Nous venons de voir le plus grand match de rugby de tous les temps. »*

13 juin 1987, Concord Oval, Sydney (AUS), COUPE DU MONDE (demi-finale)

AUSTRALIE – FRANCE, 24-30 (9-6)

Arbitre : J.B. Anderson (Écosse)

Les points :

France – 4 essais : Lorieux (40e), Sella (44e), Lagisquet (54e), Blanco (85e) ; 4 transformations, 2 buts : Cambérabéro (59e, 81e).

Australie – 2 essais : Campese (46e), Codey (64e) ; 2 transformations, 3 buts (7e, 29e, 76e), 1 drop (4e) : Lynagh.

France : S. Blanco – D. Cambérabéro, P. Sella, D. Charvet, P. Lagisquet – (o) F. Mesnel, (m) P. Berbizier – D. Erbani, L. Rodriguez, E. Champ – J. Condom, A. Lorieux – J.-P. Garuet, D. Dubroca (cap), P. Ondarts.

Australie : D. Campese – P. Grigg, A. Slack (cap), B. Papworth (A. Herbert, 8e), M. Burke – (o) M. Lynagh, (m) N. Farr-Jones – S. Poidevin, T. Coker, J. Miller – S. Cutler, W. Campbell (D. Codey, 20e) – A. McIntyre, T. Lawton, C. Lillicrap.

ANGLETERRE – FRANCE, 16 mars 1991 : 21-19

Franck Mesnel 1991

Après l'essai du bout du monde, inscrit par Blanco en demi-finale de la première Coupe du monde en Australie (*cf.* p 152), voici l'essai du siècle… À vrai dire, on préfère oublier le reste, cette défaite, une de plus, face à l'Angleterre, dans un match à enjeu de surcroît. Une « finale » du Tournoi, opposant les deux nations ayant cumulé chacune trois victoires dans leurs trois matchs précédents. Le Grand Chelem récompensera les Britanniques, pas forcément plus talentueux ni plus imaginatifs, mais plus rigoureux et plus disciplinés sans doute. Score final, 21-19. Oublions.

Retenons le premier des trois essais français, inscrit sous la pluie avec un bon vieux ballon bien glissant. Cela explique qu'Hodgkinson rate une tentative de but des 22 mètres. Pas la suite. Au lieu d'aplatir dans son en-but, Pierre Berbizier passe à Serge Blanco qui retrouve Jean-Baptiste Lafond et Philippe Sella qui le redouble à l'aile. Passe croisée. La savonnette parvient à Didier Cambérabéro, qui place une accélération décisive sur cinquante mètres, tape pour lui-même en l'air, reprend au vol d'une main, puis, à l'ancienne, exécute un modèle de recentrage qui atterrit dans l'axe des poteaux. C'est un désert de défenseurs qui l'accueille, mais aussi les bras de Philippe Saint-André qui conclut ce mouvement de cent dix mètres.

Tout a été fluide, limpide, comme une évidence. Et tellement révélateur de ce que les Britanniques appellent le « *french flair* ». Twickenham applaudit, même si en cette 13e minute, le XV de France prend l'avantage 6-3. Les Anglais ne tarderont pas à surnommer cet essai, qu'ils ont pourtant encaissé, « l'essai du siècle ». Les Français marqueront deux nouveaux essais, inventifs et brillants, par Didier Cambérabéro (56e) et Franck Mesnel (78e), contre un seul pour les Britanniques. La saison suivante, la valeur de l'essai passera de 4 à 5 points : le score aurait été à Twickenham de 22-22, offrant aux deux équipes un Petit Chelem. Pour la beauté des gestes, cela aurait été un minimum.

16 mars 1991, Twickenham (ANG), TOURNOI DES CINQ NATIONS

ANGLETERRE – FRANCE, 21-19 (18-9)

Arbitre : M. Peard (pays de Galles)

Les points

France – 3 essais : Saint-André (13e), Cambérabéro (56e), Mesnel (78e) ; 2 transformations (14e, 79e), 1 but (27e) : Cambérabéro.

Angleterre – 1 essai : Underwood (30e) ; 4 buts (2e, 23e, 35e, 64e), 1 transformation : Hodgkinson ; 1 drop : Andrew, 18e.

Angleterre-France 1991

France : S. Blanco (cap) – J.-B. Lafond, P. Sella, F. Mesnel, P. Saint-André – (o) D. Camberabéro, (m) P. Berbizier – L. Cabanne, A. Benazzi, X. Blond – O. Roumat, M. Tachdjian (M. Cécillon, 54e) – P. Ondarts, P. Marocco, G. Lascubé.

Angleterre : S. Hodgkinson – N. Heslop, W. Carling (cap), J. Guscott, R. Underwood – (o) R. Andrew, (m) R. Hill – P. Winterbottom, D. Richards, M. Teague – W. Dooley, P. Ackford – J. Probyn B. Moore, J. Leonard.

NOUVELLE-ZÉLANDE – FRANCE, 3 juillet 1994 : 20-23

Le 26 juin, Philippe Sella a fêté sa centième sélection en bleu en broyant du noir. Du All Black, plus précisément, dont l'équipe doit s'incliner 22-8 au Lancaster Park de Christchurch. C'est la première fois que le « néo-centenaire » bat les Néo-Zélandais sur leur terrain : *« Mais cette victoire n'est pas un hasard. On savait ce que l'on voulait faire, on l'a fait. On devait les mettre sous pression, on l'a fait du début à la fin. »*

Nouvelle-Zélande-France 1994

Une semaine plus tard, à Auckland, la réplique est sévère : pendant soixante-dix-huit minutes, les Français défendent, s'arc-boutent, plient, mais sortent aussi la tête de l'eau et marquent des points pour garder l'espoir, et mieux encore. Ntamack a inscrit un essai à la 29e minute, Lacroix a marqué au pied : ils mènent 13-9 à la mi-temps avant que les Blacks ne réagissent. 78e minute : le score est désormais de 20-16 en leur faveur. Philippe Saint-André récupère dans ses 22 m un renvoi néo-zélandais : « *La consigne était claire : ne pas sortir la balle du champ de jeu. La relance, je ne la vois pas très bien embarquée, leurs trois-quarts sont montés, pas moyen d'aller sur l'extérieur. Alors, je suis rentré dans la meule.* »
Regroupement hyper rapide. Deylaud réclame le jeu sur la droite, Benazzi a suivi, il prolonge vers Ntamack. Cabannes, Delaigue, Accoceberry touchent tour à tour le ballon. Du 100 % « *french flair* », jusqu'à Jean-Luc Sadourny qui peut aplatir sans même avoir à servir Saint-André en renfort… 21-20 pour le XV de

France ; 23-20 après la transformation de Deylaud. Quatre-vingtième minute : les Blacks, dans leurs 22 m, jouent des pénalités à la main mais se heurtent trois fois au rideau défensif tricolore. Ils ne passeront plus, tout le monde le sait. Dans le même Eden Park où, quinze ans plus tôt, le XV de France a battu pour la première fois les Blacks sur leur sol, il s'offre cette fois sa première série victorieuse en tournée néo-zélandaise. Et avec la manière.

3 juillet 1994, Eden Park, Auckland (N-Z).
NOUVELLE-ZÉLANDE – FRANCE, 20-23 (9-13)
Arbitre : M. Bevan (pays de Galles)

Les points :
France – 2 essais : Ntamack (29e), Sadourny (79e) ; 1 transformation (30e), 2 buts (1re, 39e) : Lacroix ; 1 transformation (80e), 1 but (64e) : Deylaud.

Nouvelle-Zélande – 1 essai : Fitzpatrick (75e) ; 5 buts (3e, 12e, 36e, 60e, 66e) : Cooper.

Laurent Cabanes
1994

France : J.-L. Sadourny – E. Ntamack, P. Sella, T. Lacroix (Y. Delaigue, 48e), (cap), P. Saint-André (cap) – (o) C. Deylaud, (m) G. Accoceberry – L. Cabannes, P. Benetton (X. Blond, 73e ; O. Brouzet, 79e), A. Benazzi – O. Roumat, O. Merle – C. Califano (L. Amary, 50-55e), J.-M. Gonzales, L. Benezech.
Nouvelle-Zélande : J. Timu – J. Kirwan, F. Bunce, M. Cooper, J. Lomu – (o) S. Bachop, (m) S. Forster – Z. Brooke (A. Pene), M. Brewer, B. Larsen – I. Jones, M. Cooksley – R. Loe, S. Fitzpatrick (cap), O. Brown.

AFRIQUE DU SUD – FRANCE, 17 juin 1995 : 19-15

Jean Luc Sadourny
1995

Les rencontres les plus exceptionnelles, celles qui restent à jamais mémorables, n'accouchent pas toujours de victoires. À l'occasion de cette Coupe du monde, disputée en Afrique du Sud et qui célèbre justement le retour des ex-bannis dans le concert international des gens « fréquentables », la France possède peut-être bien la meilleure équipe du monde. Mais en cette demi-finale, il semble que tout soit contre elle : la météo, l'arbitre et, plus prosaïquement, l'Afrique du Sud tout entière.

Le match – dont le coup d'envoi est d'abord reporté d'une heure, puis d'une autre – se déroule dans des conditions apocalyptiques, sous des pluies diluviennes et sur un terrain détrempé voire carrément inondé, qui fera dire à nombre d'observateurs que le XV tricolore n'a pas été battu ; il a été noyé. Noyé et peut-être abusé – un peu, beaucoup, passionnément ? – par un arbitrage couleur locale du Gallois Derek Bevan. À la 27e minute de jeu, il accorde aux Springboks un essai que son auteur présumé, le troisième ligne Kruger, reconnaîtra ne pas avoir marqué. Le score passe néanmoins à 10-0.

Plus tard, il refusera en revanche deux essais tricolores, et multipliera les décisions pour le moins folkloriques, alors que le XV de France domine la seconde période et se maintient au score tout près de l'exploit, à grand renfort de pénalités. Les Boks ne mènent que 19-15 à la 78e minute, lorsqu'une mêlée dominatrice offre un ballon pour Galthié, qui transmet à Deylaud. Sa chandelle retombe à trois

mètres de la ligne adverse vers Joubert, adroit depuis le début de la rencontre, qui cette fois laisse tomber le ballon devant lui. Benazzi s'en empare, fonce, est bloqué, mais aplatit sur la ligne.
Ou, plutôt, « semble aplatir » aux yeux de M. Bevan, qui refuse l'essai. Les quatre mêlées qui suivront ne vaudront pas plus l'essai de pénalité que les fautes sud-africaines répétées justifieraient. L'Afrique du Sud de Mandela, celle de l'après-apartheid, est en finale. Le XV de France battra l'Angleterre (19-9) pour la troisième place.

17 juin 1995, Kings Park Stadium, Durban (AFS), COUPE DU MONDE (demi-finale)
AFRIQUE DU SUD – FRANCE, 19-15 (10-6)
Arbitre : D. Bevan (pays de Galles)

Olivier Roumat
1995

Les points :
France – 5 buts (35ᵉ, 37ᵉ, 44ᵉ, 57ᵉ, 75ᵉ) : Lacroix.

Afrique du Sud – 1 essai : Kruger (26ᵉ) ; 1 transformation, 4 buts (21ᵉ, 43ᵉ, 46ᵉ, 69ᵉ) : Stransky.

France : J.-L. Sadourny – É. Ntamack, P. Sella, T. Lacroix, P. Saint-André (cap) – (o) C. Deylaud, (m) F. Galthié – L. Cabannes, M. Cécillon, A. Benazzi – O. Roumat, O. Merle – C. Califano, J.-M. Gonzalez, L. Armary.
Afrique du Sud : A. Joubert – J. Small, J. Mulder, H. Le Roux, C. Williams – (o) J. Stransky, (m) J. van der Westhuizen (J. Roux, 52ᵉ) – R. Kruger, M. Andrews, F. Pienaar (cap) – H. Strydom, K. Wiese – B. Swart, C. Rossouwn, O. du Randt.

ANGLETERRE – FRANCE, 1er mars 1997 : 20-23

Angleterre-France 1997

On ne se lasse jamais de battre les Anglais. Et encore moins, chez eux. Le « Crunch », ce surnom donné aux rencontres entre les deux équipes lors du Tournoi, provient d'une expression locale qui signifie en gros « le moment crucial ». Mais le Crunch n'est jamais aussi croustillant pour nous que lorsque le XV de France l'emporte.

Avant-dernière journée du Tournoi des Cinq Nations 1997 : toutes deux encore invaincues, les équipes de France et d'Angleterre vont très probablement se disputer la victoire finale. C'est plus qu'une question d'honneur ou de prestige, c'est l'essence même du sport : gagner, tout en sachant de surcroît que le vainqueur pourra encore rêver de Grand Chelem.

À force de rêver, justement, le XV de France paraît s'être endormi. À la mi-temps, les Anglais mènent 14-6 ; à l'heure de jeu, 20-6... C'est le moment de se réveiller. Un essai de Laurent Leflamand (62e) fait office de sonnerie. Huit minutes plus tard, c'est Titou Lamaison qui conclut pour ramener les deux équipes à égalité (20-20), avant d'inscrire la pénalité de la victoire à la 75e minute.

Sur l'ensemble de la rencontre, le centre tricolore réalise même un *full house* en marquant dans toutes les catégories possibles : 1 essai, 1 drop, 2 pénalités et 2 transformations pour 18 points au total. Avant lui, seuls Guy Cambérabéro (1967), Jean-Pierre Romeu (1974), Jean-Patrick Lescarboura (1983), Didier Cambérabéro (1990) et Thomas Castaignède (1995) avaient réussi une telle performance. Lamaison

récidivera en 1999, lors de la victoire 43-21 face à la Nouvelle-Zélande en Coupe du monde.
En vingt minutes, tout a basculé, et les Anglais sont battus chez eux. La semaine suivante, l'Écosse tombera plus brutalement (47-20), étourdie par un tourbillon de jeu offensif. Dans un Parc des Princes qui vit là son dernier Tournoi, le XV de France remportera son cinquième Grand Chelem, le premier depuis dix ans.

1er mars 1997, Twickenham (ANG), TOURNOI DES CINQ NATIONS

ANGLETERRE – FRANCE, 20-23 (14-6)

Arbitre : M. Flemming (Écosse)

Les points :

France – 2 essais : Leflamand (62e), Lamaison (70e) ; 2 transformations, 2 buts 3e, 75e), 1 drop (34e) : Lamaison.

Angleterre – 1 essai : Dallaglio (40e) ; 4 buts (8e, 10e, 38e, 52e), 1 drop (46e) : Grayson.

France : J.-L. Sadourny – L. Leflamand, C. Lamaison, S. Glas, D. Venditti – (o) A. Penaud, (m) P. Carbonneau – O. Magne, F. Pelous, A. Benazzi (M. de Rougemont, 65e) (cap.) – O. Merle, H. Miorin (R. Castel, 49e) – F. Tournaire, M. Dal Maso, C. Califano.
Angleterre : T. Stimpson – J. Sleightholme, W. Carling, P. de Glanville (cap), T. Underwood – (o) P. Grayson, (m) A. Gomarsall – R. Hill, T. Rodber, L. Dallaglio – S. Shaw, M. Johnson – J. Leonard, M. Regan, G. Rowntree.

FRANCE – NOUVELLE-ZÉLANDE, Twickenham, 31 octobre 1999 : 43-31

Double tenant du titre en ayant bouclé deux Grands Chelems, le XV de France ne remporte que son premier match du Tournoi 1999 – face à l'Irlande, d'un seul point (10-9) – avant d'être battu à Twickenham et deux fois au Stade de France. Une catastrophe pour l'équipe dirigée par Jean-Claude Skrela et son adjoint Pierre Villepreux. À laquelle succède une tournée calamiteuse qui les voit recevoir une leçon des Blacks (64-10) et chuter pour la première fois face aux modestes îles Tonga. Sale temps...

Jonah Lomu écarte Christophe Lamaison 1999

Arrive la Coupe du monde : les Bleus s'y montrent poussifs face aux Canadiens et aux Fidjiens, et à peine convaincants face à la Namibie puis l'Argentine en quart. Et lorsque les All Blacks mènent à Twickenham 24-10 grâce à deux essais façon déménageur d'un Jonah Lomu au mieux de sa forme, on a compris que le sort de la demi-finale est jeté...

Erreur. L'énergie du désespoir peut faire des miracles – par définition, impensables –, et les slaloms de Christophe Dominici au milieu des Blacks, les cartouches distribuées par Richard Dourthe, les drops et coups de pied millimétrés de Titou Lamaison (*full house* avec un essai, quatre transformations, deux drops et trois pénalités), vont transformer le cauchemar annoncé en match de rêve.

Les Français se révoltent, mettent leurs cœurs et leurs tripes sur la pelouse, et réalisent une fin de match parfaite. En un quart d'heure, les Blacks encaissent 26 points. En une demi-heure, ils en prennent 33, pour un total final de 43, soit presque autant que tout ce qu'ils avaient laissé à leurs adversaires, en quatre matchs, depuis le début de la Coupe du monde. Les essais successifs de Dominici (56e), Dourthe (60e), et Bernat-Salles (75e) restent des modèles du genre. La finale perdue largement (35-12) face à l'Australie, le 6 novembre au Millennium Stadium de Cardiff, n'effacera pas le souvenir de la plus belle remontée de l'histoire du rugby.

31 octobre 1999, Twickenham (ANG), COUPE DU MONDE (demi-finale)
FRANCE – NOUVELLE-ZÉLANDE, 43-31 (10-17)
Arbitre : M. Flemming (Écosse)

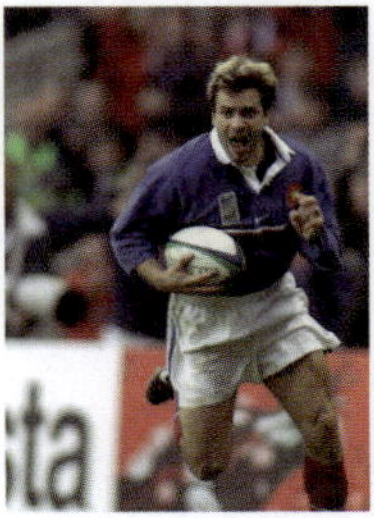

Christophe Dominici 1999

Les points :
France – 4 essais : Lamaison (20e), Dominici (56e), Dourthe (60e), Bernat-Salles (75e) ; 4 transformations, 3 buts (3e, 52e, 55e), 2 drops (47e, 49e) : Lamaison.

Nouvelle-Zélande – 3 essais : Lomu (24e, 45e), Wilson (80e) ; 2 transformations (45e, 80e), 4 buts (10e, 19e, 23e, 40e) : Mehrtens.

France : X. Garbajosa – P. Bernat-Salles, R. Dourthe, É. Ntamack (Glas, 81e), C. Dominici (U. Mola, 78e) – (o) C. Lamaison, (m) F. Galthié (S. Castaignède, 74e) – C. Juillet (F. Pelous, 32e), O. Magne, M. Lièvremont (A. Costes, 65e) – F. Pelous (Brouzet, 32e), A. Benazzi – F. Tournaire, R. Ibañez (cap), C. Soulette (P. de Villiers, 58e).
Nouvelle-Zélande : J. Wilson – T. Umaga, C. Cullen, A. Ieremia (D. Gibson, 58e), J. Lomu – (o) A. Mehrtens, (m) B. Kelleher (J. Marshall, 78e) – T. Randel (cap), J. Kronfeld, R. Thorne –R. Brooke (R. Willis, 72e), N. Maxwell – C. Dowd (K. Meeuws, 59e), A. Olivier, C. Hoeft.

FRANCE – NOUVELLE ZÉLANDE, Cardiff, 6 octobre 2007 : 20-18

Pour la première fois, la Coupe du monde est intégralement organisée en France. Enfin presque, puisque les circonstances (une défaite des Bleus, d'entrée, face à l'Argentine), conduisent le XV de France à affronter en quart de finale les Néo-Zélandais au pays de Galles, à Cardiff... Visiblement, il s'y sent chez lui : au traditionnel et terrifiant *haka*, les Bleus répondent en s'approchant et défiant leurs adversaires les yeux dans les yeux. Frissons dans le public. Le ton est donné.

France-Nouvelle-Zélande 2007

Huit ans après la légendaire demi-finale de Twickenham (voir P. 162), l'équipe de France a changé : Bernard Laporte a pris sa tête, et les joueurs ont pris du poids. Suffisamment pour engager une épreuve de force avec des All Blacks qu'ils n'ont pas battus depuis le siècle précédent, en novembre 2000 au stade Vélodrome de Marseille (42-33)... Cette fois, c'est donc une guerre de tranchées, l'une de ces rencontres irrespirables tant elles sentent la poudre, à laquelle assistent les 80 000 spectateurs. Le futur capitaine Thierry Dusautoir, qui aligne 29 ou 30 ou 35 plaquages (selon que l'on compte ceux assistés ou non), y gagnera le surnom de « Dark Destroyer ». Sébastien Chabal, une réputation d'« homme des cavernes »...

Aux deux essais néo-zélandais inscrits en première mi-temps, terminée sur le score de 13-3 en leur faveur, les Bleus répondent d'abord par un essai de Dusautoir à la 54e, transformé par Beauxis. Ce coup de pied, comme tous les autres, comptera. Puis par une chevauchée fantastique de Frédéric Michalak, entré en jeu à peine une minute plus tôt, qui envoie ensuite habilement

Yannick Jauzion aplatir (69e). La transformation par Jean-Baptiste Elissalde donne deux points d'avance au XV de France. Un écart minime, mais rédhibitoire. Le grand favori de la Coupe du monde tombe à nouveau face à sa bête noire habillée de bleu. C'est une habitude qu'on aime bien.

6 octobre 2007, Millennium Stadium, Cardiff (GAL), COUPE DU MONDE (quart de finale)
FRANCE – NOUVELLE-ZÉLANDE, 20-18 (3-13)
Arbitre : W. Barnes (Angleterre)

Les points :

Jean-Baptiste Elissalde 2007

France – 2 essais : Dusautoir (54e), Jauzion (68e) ; 1 transformation (55e), 2 buts (40e, 46e) : Beauxis ; 1 transformation (69e) : Elissalde.

Nouvelle-Zélande – 2 essais : McAlister (17e), So'oialo (63e), 1 transformation (18e), 2 buts (13e, 31e) : Carter.

France : D. Traille – V. Clerc, D. Marty, Y. Jauzion, C. Heymans (C. Dominici, 70e) – (o) L. Beauxis (F. Michalak, 68e), (m) J.-B. Elissalde – T. Dusautoir, J. Bonnaire, S. Betsen (I. Harinordoquy, 5e) – J. Thion, F. Pelous (S. Chabal, 52e) – P. de Villiers, R. Ibañez (D. Szarzewski, 52e), O. Milloud (J.-B. Poux, 52e).
Nouvelle-Zélande : L. McDonald – J. Rokocoko, M. Muliaina, L. McAlister, W. Sivivatu – (o) D. Carter (N. Evans, 56e ; I. Toeava, 71e), (m) B. Kelleher (B. Leonard, 56) – R. McCaw (cap), R. So'oialo, J. Collins (C. Masoe, 64e) – A. Williams, K. Robinson (C. Jack, 50e) – C.J. Hayman, A. Oliver (A. Hore, 56e), T.D. Woodcock.

FRANCE – ANGLETERRE, Auckland, 8 octobre 2011 : 19-12

Aurélien Rougerie
2011

Il est des victoires plus apaisantes que les autres... Lorsque la France et l'Angleterre se retrouvent en quart de finale de la Coupe du monde 2011, c'est la cinquième fois que les deux équipes s'affrontent dans l'histoire de cette compétition. Et la balance penche du mauvais côté de la Manche. Face à la seule victoire tricolore de 1995, dans le match pour la troisième place (19-9 à Pretoria), les Anglais totalisent trois succès : en 1991 au Parc des Princes (19-10) en quart ; en 2003 à Sydney (24-7) et en 2007 au Stade de France (14-9) en demi-finale. C'est énervant et un tantinet frustrant. La confrontation de 2011 ne s'annonce pas sous les meilleurs auspices. Le XV de France vient de s'incliner en poule face à la Nouvelle-Zélande (37-17) et surtout face aux Tonga (19-14) et ne doit sa qualification qu'à ses points de bonus. Les Anglais, eux, ont survolé leur groupe qui comptait l'Argentine et l'Écosse. Le combat semble déséquilibré. Mais la partition jouée pas les Bleus, dos au mur, est mélodieuse. Vincent Clerc (22e) – qui terminera meilleur marqueur d'essais (6) du tournoi – et Maxime Médard (31e) mettent le feu à la défense adverse. Leurs essais, ajoutés à deux pénalités de Dimitri Yachvili, permettent d'arriver à la mi-temps sur le score de 16-0. Pas mal pour des moribonds.
La deuxième période vaudra pour la défense de cet avantage, ou du moins des quelques points nécessaires pour s'imposer. Contre toute prédiction, le XV de France tient la route. Il plie certes (essai de l'arrière Ben Foden, 55e), mais ne rompt pas.

Et lorsque Mark Cueto (76e) inscrit lui aussi un essai, c'est trop tard : le score se fige sur un apaisant 19-12 en faveur des Français dirigés par Marc Lièvremont. Dans le même Eden Park d'Auckland, ils triompheront ensuite du pays de Galles en demi-finale, d'un petit point (9-8), avant de céder en finale face aux Néo-Zélandais, d'un petit point également (8-7).

8 octobre 2011, Eden Park, Auckland (NZL), COUPE DU MONDE (quart de finale)
FRANCE – ANGLETERRE, 19-12 (16-0)
Arbitre : S. Walsh (Nouvelle-Zélande)

Vincent Clerc 2011

Les points :
France – 2 essais : Clerc (22e), Médard (31e) ; 2 buts : Yachvili (11e, 16e) ; 1 drop : Trinh-Duc (73e).

Angleterre – 2 essais : Foden (55e), Cueto (76e) ; 1 transformation : Wilkinson (56e).

France : M. Médard – V. Clerc, A. Rougerie (D. Marty, 38e), M. Mermoz (C. Heymans, 79e), A. Palisson – (o) M. Parra, (m) D. Yachvili (F. Trinh-Duc, 54e) – J. Bonnaire, I. Harinordoquy (L. Picamoles, 73e), T. Dusautoir (cap) – L. Nallet, P. Papé (J. Pierre, 65e) – N. Mas, W. Servat (D. Szarzewski, 55e), J.-B. Poux (F. Barcella, 55e).
Angleterre : B. Folden – C. Ashton, M. Tuilagi, T. Flood, M. Cueto – (o) J. Wilkinson (M. Banahan, 65e), (m) B. Youngs (R. Wigglesworth, 65e) – T. Croft (C. Lawes, 47e), N. Easter, L. Moody (cap) (J. Haskell, 63e) – T. Palmer, L. Deacon – M. Stevens (A. Corbisiero), S. Thompson (D. Harley), D. Cole (M. Stevens).

PALMARÈS

Coupe du Monde de Rugby, William Webb Elllis

PARCOURS EN COUPE DU MONDE

1987, Nouvelle-Zélande – **Finaliste**, battu par la Nouvelle Zélande 9-29 (bilan total : 4 victoires, 1 nul, 1 défaite) **1991**, Angleterre – **Quart-de-finaliste**, battu par l'Angleterre 10-19 (3 v, 0 N, 1d) **1995**, Afrique du Sud – **Troisième**, battu par l'Afrique du Sud 15-19 en demi-finale, vainqueur de l'Angleterre 19-9 dans la petite finale (5 v, 0 N, 1d) **1999**, pays de Galles, Écosse, Angleterre, Irlande et France – **Finaliste**, battu par l'Australie 12-35 (5 v, 0 N, 1d) **2003**, Australie – **Quatrième**, battu par l'Angleterre 7-24 en demi-finale et la Nouvelle-Zélande 13-40 dans la petite finale (5 v, 0 N, 2d) **2007**, France – **Quatrième**, battu par l'Angleterre 9-14 en demi-finale et l'Argentine 10-34 dans la petite finale (4 v, 0 N, 3d) **2011**, Nouvelle-Zélande – **Finaliste**, battu par la Nouvelle-Zélande 7-8 (4 v, 0 N, 3d) **2015**, Angleterre – **Quart-de-finaliste**, battu par la Nouvelle-Zélande 13-62 (3 v, 0 N, 2d) **2019**, Japon – **Quart-de-finaliste**, battu par le pays de Galles 19-20 (3 v, 1 N, 1d)

TOURNOIS DES CINQ (1910-1999) OU SIX (depuis 2000) NATIONS

Victoires partagées (8)
1954 (avec pays de Galles et Angleterre), 1955 (pays de Galles), 1960 (Angleterre), 1970 (pays de Galles), 1973 (toutes les équipes ont remporté deux victoires et subi deux défaites), 1983 (Irlande), 1986 (Écosse) et 1988 (pays de Galles)*(depuis 1992, le point-average départage les ex aequo)*
Victoires non partagées (18) :
1959, 1961, 1962, 1967, 1968, 1977, 1981, 1987, 1989, 1993, 1997, 1998, 2002, 2004, 2006, 2007, 2010 et 2022
Grands Chelems (10)
1968, 1977, 1981, 1987, 1997, 1998, 2002, 2004, 2010 et 2022
Petits Chelems (2)
1960 et 1961

AUTRES COMPÉTITIONS :

Jeux olympiques (1)
Champion olympique en 1900 à Paris *(cf. p.11)*
Vice-champion en 1920 à Anvers et 1924 à Paris

Jeux méditerranéens (4)
Victoires en 1955, 1979, 1983 et 1993

Coupe latine
Victoires en 1995 et 1997

Championnat européen des nations de rugby à XV
1935, 1936, 1937, 1938, 1952, 1954

Jeux interalliés
Victoire en 1919

Coupe d'automne des nations
Finaliste en 2020

Trophée Eurostar
(récompensant depuis 2000 le vainqueur des confrontations lors des Tournois des Six Nations avec l'Angleterre)
Vainqueur à huit reprises en 2002, 2004, 2005, 2006, 2010, 2014, 2018, 2020 et 2022

Trophée Dave Gallaher
(récompensant depuis 2000 le vainqueur des confrontations hors Coupe du monde avec la Nouvelle-Zélande)
Vainqueur à deux reprises en 2009 et 2021

Trophée des bicentenaires
(récompensant depuis 1989 le vainqueur des confrontations ou séries de matchs avec l'Australie)
Vainqueur à cinq reprises en 2001, 2004, 2005, 2012 et 2014

Trophée Giuseppe-Garibaldi
(récompensant depuis 2007 le vainqueur des confrontations avec l'Italie dans le Tournoi des Six Nations)
14 victoires en 2007-2010, 2012, 2014-2022

Trophée Auld Alliance
(récompensant depuis 2018 le vainqueur des confrontations avec l'Écosse dans le Tournoi des Six Nations)
2 victoires en 2019 et 2022

Coupe Latine

LES RECORDS INDIVIDUELS

(au 1er septembre 2022)

Sélections en équipe de France

1. Fabien Pelous (1995-2007)	118 sélections
2. Philippe Sella (1982-1995)	111
3. Raphaël Ibañez (1996-2007)	98
4. Serge Blanco (1980-1991)	93
5. Olivier Magne (1997-2007)	90
6. Damien Traille (2001-2011)	86
7. Nicolas Mas (2003-2015)	85
8. Sylvain Marconnet (1998-2011)	84
9. Dimitri Szarzewski (2004-2015)	83
10. Imanol Harinordoquy (2002-2012)	82
- Louis Picamoles (2008-2019)	82
12. Thierry Dusautoir (2006-2015)	80
13. Abdelatif Benazzi (1990-2001)	78
14. Frédéric Michalak (2001-2015)	77
15. Aurélien Rougerie (2001-2012)	76

Coupe d'automne des Nations

Sélections dans le Tournoi des Six (ou Cinq) Nations

1. Philippe Sella (1983-1995)	50 sélections
2. Fabien Pelous (1996-2006)	49
3. Serge Blanco (1981-1991)	42
4. Sylvain Marconnet (1999-2011)	40
5. Jean-Pierre Rives (1975-1984)	39
- Imanol Harinordoquy (2002-2012)	39
- Gaël Fickou (2013- ?)	39
8. Raphaël Ibañez (1996-2007)	38
- Julien Bonnaire (2004-2012)	38
- Nicolas Mas (2005-2015)	38

Sélections en Coupe du monde

1. Raphaël Ibañez (1999-2007)	18 sélections
2. Jean-Baptiste Poux (2003-2011)	17
- Aurélien Rougerie (2003-2011)	17
4. Imanol Harinordoquy (2003-2011)	16
- Frédéric Michalak (2003-2015)	16
- Fabien Pelous (1999-2007)	16
7. Abdelatif Benazzi (1991-1999)	15
- Christophe Dominici (1999-2007)	15
- Thierry Dusautoir (2007-2015)	15
- Fabien Galthié (1991-2003)	15

Capitanats

1. Thierry Dusautoir (2009-2015)	56 capitanats
2. Fabien Pelous (1997-2006)	42
3. Raphaël Ibañez (1998-2007)	41
4. Jean-Pierre Rives (1978-1984)	34
- Philippe Saint-André (1994-1997)	34
6. Guilhem Guirado (2016-2020)	33
7. Daniel Dubroca (1986-1988)	25
- Fabien Galthié (1999-2003)	25
9. Guy Basquet (1948-1952)	24
10. Michel Crauste (1961-1966)	22
11. Jacques Fouroux (1974-1977)	21
12. François Moncla (1960-1961)	18
- Christian Carrère (1967-1971)	18
14. Serge Blanco (1990-1991)	17
15. Jean Prat (1953-1955)	16
- Lionel Nallet (2008-2011)	16

Trophée Auld Alliance

Points

1. Frédéric Michalak (2001-2015)	436 points
2. Christophe Lamaison (1996-2001)	380
3. Dimitri Yachvili (2002-2012)	373
4. Morgan Parra (2008-2019)	370
5. Thierry Lacroix (1989-1997)	367
6. Didier Cambérabéro (1982-1991)	354
7. Gérald Merceron (1999-2003)	267
8. Jean-Pierre Romeu (1972-1979)	265
9. Thomas Castaignède (1995-2007)	252
10. Serge Blanco (1980-1991)	233

Sur un match, le record de points est détenu par Didier Cambérabéro (France-Zimbabwe 70-12, le 2 juin 1987) : 30 points, soit 3 essais et 9 transformations. L'essai n'était pourtant alors (jusqu'en avril 1992) récompensé que de 4 points.

Essais

1. Serge Blanco (1980-1991)	38 essais
2. Vincent Clerc (2002-2013)	34
3. Philippe Saint-André (1990-1997)	32
4. Philippe Sella (1982-1995)	30
5. Émile Ntamack (1994-2000)	26
- Philippe Bernat-Salles (1992-2001)	26
7. Christophe Dominici (1998-2007)	25
8. Christian Darrouy (1957-1967)	23
- Aurélien Rougerie (2001-2012)	23

10. Patrice Lagisquet (1983-1991)	20
- Yannick Jauzion (2001-2011)	20

Transformations

1. Christophe Lamaison (1996-2001)	61 transf.
- Frédéric Michalak (2001-2015)	61
2 Frédéric Michalak (2001-2015)	61
3. Dimitri Yachvili (2002-2012)	51
4. Didier Cambérabéro (1982-1993)	48
5. Morgan Parra (2008-2019)	47
6. Michel Vannier (1953-1961)	45
7. Thomas Castaignède (1995-2007)	42
8. Jean-Baptiste Élissalde (2000-2008)	40
9. Gérald Merceron (1999-2003)	36
- Richard Dourthe (1995-2001)	36

Sur un match, le record de transformations est détenu par Jean-Baptiste Elissalde (Namibie-France 10-87, 16 septembre 2007) : 11 transformations (sur 13 tentées).

Pénalités

1. Thierry Lacroix (1989-1997)	89 pénalités
2. Morgan Parra (2008-2019)	86
3. Dimitri Yachvili (2002-2012)	85
4. Frédéric Michalak (2001-2015)	79
5. Christophe Lamaison (1996-2001)	78
6. Didier Cambérabéro (1982-1993)	59
7. Gérald Merceron (1999-2003)	57
8. Jean-Pierre Romeu (1972-1977)	56
9. Melvyn Jaminet (2021- ?)	39
10. Jean-Baptiste Elissalde (2000-2008)	38

Trophée Dave Gallagher

Drops

1. Jean-Patrick Lescarboura (1982-1990)	15 drops
2. Pierre Albaladejo (1954-1964)	12
3. Guy Cambérabéro (1961-1968)	11
4 Didier Cambérabéro (1982-1993)	11
5. Jean-Pierre Romeu (1972-1977)	9
6 Frédéric Michalak (2001-2015)	9
7. Michel Vannier (1953-1961)	8
- Guy Laporte (1981-1987)	8
8. François Trinh-Duc (2008-2018)	7
9. Jean Prat (1945-1955)	6
- Christophe Lamaison (1996-2001)	6

Sur un match, le record de drops est codétenu par Pierre

Albaladejo (France-Irlande, 9 avril 1960), Jean-Patrick Lescarboura (Angleterre-France, 2 février 1985) et Didier Cambérabéro (Australie-France, 30 juin 1990). Chacun a marqué 3 drops.

Full house
(au moins 1 essai, 1 transformation, 1 drop et 1 pénalité dans le même match)
Guy Cambérabéro
1er avril 1967 – France-pays de Galles (20-14) : 1 essai ; 1 transformation ; 2 drops ; 1 pénalité.
Jean-Pierre Romeu
2 mars 1974 – France-Angleterre (12-12) : 1 essai ; 1 transformation ; 1 drop ; 1 pénalité.
Jean-Patrick Lescarboura
4 décembre 1983 – France-Roumanie (26-15) : 1 essai ; 2 transformations ; 1 drop ; 1 pénalité.
Didier Cambérabéro
30 juin 1990 – Australie-France (19-28) : 1 essai ; 1 transformation ; 3 drops ; 3 pénalités.
Thomas Castaignède
17 octobre 1995 – France-Roumanie (52-8) : 1 essai ; 4 transformations ; 1 drop ; 1 pénalité.
Christophe Lamaison
15 mars 1997 – Angleterre-France (20-23) : 1 essai ; 2 transformations ; 1 drop ; 2 pénalités.
31 octobre 1999 – France-Nouvelle Zélande (43-31) : 1 essai ; 4 transformations ; 2 drops ; 3 pénalités.

Trophée Giuseppe Garibaldi